MILAGRES
da vida moderna

Louise L. Hay
& amigos

MILAGRES
da vida moderna

Tradução
Alice Xavier

2ª edição

Rio de Janeiro | 2025

CIP-BRASIL. CATALOGAÇÃO-NA-FONTE
SINDICATO NACIONAL DOS EDITORES DE LIVROS, RJ

Hay, Louise L.

H328m   Milagres da vida moderna / Louise L. Hay; tradução:
Alice Xavier. - 2 ed. - Rio de Janeiro: Best*Seller*, 2025.

Tradução de: Modern-day miracles
ISBN 978-85-7684-507-2

1. Conduta. 2. Autorrealização (Psicologia). 3.
Mudança (Psicologia). I. Título.

12-0576.   CDD: 158.1
CDU: 159.947

Texto revisado segundo o novo Acordo Ortográfico da Língua Portuguesa.

Título original norte-americano
MODERN-DAY MIRACLES
Copyright © 2010 by The Hay Foundation
Copyright da tradução © 2012 by Editora Best Seller Ltda.

Capa: Marianne Lépine
Editoração eletrônica: Abreu's System

Todos os direitos reservados. Proibida a reprodução,
no todo ou em parte, sem autorização prévia por escrito da editora,
sejam quais forem os meios empregados.

Direitos exclusivos de publicação em língua portuguesa para o Brasil
adquiridos pela
EDITORA BEST SELLER LTDA.
Rua Argentina, 171, parte, São Cristóvão
Rio de Janeiro, RJ – 20921-380
que se reserva a propriedade literária desta tradução

Impresso no Brasil

ISBN 978-85-7684-507-2

Se ja um leitor preferencial Record.
Cadastre-se e receba informações sobre nossos
lançamentos e nossas promoções.

Atendimento e venda direta ao leitor:
sac@record.com.br

Há muito tempo eu acredito:

"Tudo que preciso saber é revelado a mim. Tudo de que preciso vem a mim. Tudo está bem em minha vida." Não há nenhum conhecimento novo. Tudo é antigo e infinito. É com alegria e prazer que reúno a sabedoria e o conhecimento para o bem daqueles que estão no caminho da cura.

Dedico este presente a todos vocês que me ensinaram o que sei: a meus numerosos clientes, aos amigos da mesma área, aos mestres e à Infinita Inteligência Divina, que transmitiu por meu intermédio aquilo que os demais precisam conhecer.

Louise L. Hay

Sumário

Introdução – Louise L. Hay 9

Primeira parte: Saúde e temas relacionados

Capítulo um: A cura de doenças 15
Capítulo dois: Como lidar com lesões e dores....... 47
Capítulo três: Como superar a dependência 75

Segunda parte: A vida cotidiana

Capítulo quatro: Como atrair a prosperidade.......... 105
Capítulo cinco: Desafios do campo profissional 121
Capítulo seis: O trabalho com crianças e
problemas de família 149
Capítulo sete: Aprendendo a amar 177

Terceira parte: Emoções e comportamento

Capítulo oito: Como obter saúde mental 207
Capítulo nove: Como transformar velhas crenças 235
Capítulo dez: Como encontrar um objetivo 263

Posfácio 295

Introdução

Louise L. Hay

Há trinta anos, escrevi meu primeiro livro, *Cure seu corpo*, para ajudar as pessoas a reconhecerem a importância da conexão mente-corpo. Depois de viver uma infância sujeita a abusos, passada em extrema pobreza, e também os anos posteriores de pouca autoestima, vivenciei o poder da substituição de velhas crenças negativas por novas crenças, positivas. E, quando mais adiante, fui diagnosticada com câncer, entendi que era uma oportunidade de limpar de uma vez por todas meus antigos padrões de ressentimento. Realizei muito trabalho de perdão, deixei ir embora a dor do passado e curei meu corpo e meu espírito. O principal é que aprendi a me amar e me aprovar verdadeiramente.

Depois escrevi *Você pode curar sua vida*, um livro destinado a ajudar as pessoas através de tudo que eu havia aprendido. Nem imaginava que essas obras atingiriam tanta gente.

Fundei a Hay House para publicar eu mesma meus livros; e hoje, passadas mais de duas décadas, tenho o orgulho de dizer que crescemos e nos tornamos uma das maiores editoras de autoajuda/conexão mente-corpo-espírito. Adoro dar apoio a outros autores que estejam ajudando as pessoas a mudarem suas vidas de maneiras significativas.

E, entretanto... Quero deixar claro que *Milagres da vida moderna* não tem a intenção de divulgar ou de credibilizar a mim ou a minha empresa, nem se propõe a promover nenhum caminho espiritual ou ponto de vista específico. O que motivou este livro é que minha família da Hay House e eu recebemos ao longo dos anos numerosas cartas que relatam o modo como *inspirei outra pessoa* a curar a própria vida (assim como muitos indivíduos *me* inspiraram em minha própria trajetória de cura). Portanto, achamos que seria verdadeiramente eficaz e possivelmente transformador compilar neste volume algumas dessas cartas deslumbrantes. Nossa esperança é de que elas proporcionem a vocês, leitores, conforto, consolo e estímulo — e realcem de forma concreta o fato de que *uma pessoa* pode ser o catalisador de cura para o mundo. Foi um privilégio meu cumprir semelhante papel... e você também pode!

Você vai notar que neste livro são tratados diversos tópicos universais, tais como saúde, trabalho e amor. Embora muitas histórias tenham temas semelhantes, todas foram categorizadas com base na questão dominante com que está lidando o autor da contribuição. Apresento cada capítulo com um parágrafo curto. No fim de cada capítulo há uma seção na qual você passa por um exercício para promover sua própria saúde (sugiro que para tanto você tenha à mão um caderno de anotações ou um diário). Também forneço afirmações e um tratamento que pode fazer maravilhas no sentido de mudar sua consciência de forma positiva. Fazer o trabalho é um passo muito importante na transformação de sua vida, conforme você vai ler nas histórias a seguir.

Enquanto estiver lendo este livro, que apresenta contribuições de pessoas do mundo inteiro, vá pensando nas formas como você pode causar um impacto positivo sobre os demais... Pois é isso que significa estar vivo. O ato de acender uma vela na escuridão tem o poder de acender outra vela, depois outra e assim por diante...

Recentemente me informaram que as vendas dos meus livros atingiram 50 milhões de exemplares no mundo todo. Imagino 50 milhões de velas iluminando o caminho para outras 50 milhões e assim por diante. Como é poderosa cada uma de nossas velas! *Juntos podemos iluminar o mundo inteiro.*

Primeira parte

Saúde e temas relacionados

Capítulo um

A cura
de doenças

A palavra doença — em inglês, disease — está ligada a uma enorme quantidade de crenças antigas. Prefiro escrevê-la como dis-ease, a negação do conforto, para significar aquelas coisas que não se harmonizam conosco ou com nosso meio ambiente. Essa grafia também enfatiza que o estado natural do corpo é o de conforto, ou ease.* Acredito que todo estado de doença é criado no pensamento. Nosso corpo deseja ficar saudável e cômodo. Mas ele também está ouvindo cada palavra que pensamos ou dizemos a seu respeito, e refletindo nossas convicções íntimas. Quando prestamos atenção ao que ele diz, em vez de encobrirmos cada sintoma com um remédio, entendemos o que é preciso

---

* O termo também é sinônimo de facilidade, comodidade, naturalidade, desenvoltura. (N. da T.)

para nossa cura. Quando aceitamos a responsabilidade pelos próprios pensamentos, assumimos de novo o controle de nossa saúde.

As pessoas que contribuíram com as histórias a seguir demonstram que escutar o corpo e mudar os pensamentos pode criar a cura em todas as áreas de nossa vida.

Acreditem!
Vitória, aposentada, Califórnia

"O senhor tem três meses de vida, talvez seis", disse o neurologista a meu marido, com quem eu havia casado há sete meses. "Aconselho que ponha seus assuntos em ordem." Quando saímos do consultório, eu estava aturdida. Aquilo não podia estar acontecendo. Como ainda estávamos em lua de mel, resolvi me agarrar à nossa felicidade e não perder Jim para um câncer no cérebro. Nós não éramos vítimas; tínhamos o poder de criar milagres.

Embora, ao nos casarmos, ele soubesse do meu interesse por metafísica, meu marido não estava acostumado à minha forma de encarar a vida. Filho de um coronel dos fuzileiros navais, Jim foi criado seguindo as regras e os modos de pensar convencionais, e também se tornou fuzileiro naval. Agora que tinha recebido um diagnóstico de glioblastoma multiforme, uma das formas mais letais de câncer no cérebro, ele queria seguir o caminho tradicional. Isso resultou em duas cirurgias, quimioterapia e radioterapia. Depois de seguir esse programa e ser informado de que mais um tumor havia crescido durante o processo, ele estava aberto a outros métodos, e não tínhamos tempo a perder.

Jim e eu combinamos não aceitar a realidade que a comunidade médica tinha pintado, em vez disso decidimos criar a nossa própria realidade. O médico não era Deus, e eu sabia que no universo havia outras possibilidades para nós. Com a intenção de introduzir uma realidade paralela saudável, fingimos que Jim *já* estava bem. Embora meu marido estivesse incrivelmente fraco e confinado a uma cadeira de rodas, pedi a ele que se lembrasse de como se sentia bem quando estava no auge da forma física, e nos agarramos firmemente a esse sentimento e a essa visão. A palavra *acreditar* se transformou em nosso mantra.

Continuamos a explorar e incorporar formas de ajudar o corpo dele a se curar. Nosso plano de ação incluiu tudo aquilo que identificávamos como um potencial de cura: suplementos dietéticos, dieta de sucos, depuração de toxinas, acupuntura em uma clínica de Houston que por anos tinha sido considerada "alternativa". Adotamos medidas para curar problemas na vida presente e em vidas passadas. Adeptos de todos os credos também fizeram preces e o mentalizaram recuperado. Criamos uma técnica de visualização que ele repetia infinitas vezes, na qual o tumor ia encolhendo de tamanho... até desaparecer.

Aqueles que foram testemunhas da nossa jornada consideram meu marido um milagre. Quando alguém pergunta como superamos a adversidade, a resposta que damos é singela, porém profunda: *Tudo está na mente.* Jim lutou como um guerreiro, e venceu sua maior batalha.

Tenho em minhas mãos *Cure seu corpo*, o "livrinho azul" original de Louise Hay. Agora amarelado e desgastado pelos vinte anos de uso, esse livro foi o catalisador que trouxe a mim (e depois a meu marido) uma nova forma de compreender a relação entre a mente e o corpo. Os pensamentos que temos e as palavras que dizemos afetam nossos corpos; ao mudar esses padrões, todos nós podemos mudar o curso de nossas vidas. E foi isso o que Jim e eu fizemos.

Espere por milagres
Bárbara, professora, Canadá

No ano passado redescobri Louise Hay por intermédio de alguns de seus programas em áudio, além de seu lindo DVD, *Você pode curar sua vida*. Eu estava com a operação marcada, depois que os médicos encontraram líquido em meus pulmões. Assim, na noite anterior à cirurgia ouvi uma das meditações vespertinas de Louise. Na manhã seguinte acordei com um pensamento fixo: *Espere por milagres*.

Fui levada ao hospital e antes de me dar conta eu já estava na sala de recuperação, com meu marido ao lado. Segundo me informaram, o cirurgião tinha dado uma olhada em meus pulmões antes do procedimento e reparado que o volume de líquido era mínimo — constatou que eu não precisava de cirurgia e recebi alta para voltar para casa. Fiquei nas nuvens!

Quando entrei pela porta da frente e fui subir a escada, reparei numa placa pendurada na parede, que tinha sido presente de uma pessoa amiga. Lê-se na placa: ESPERE POR MILAGRES. Olhei meu marido e disse: "O poder do pensamento positivo e daquilo em que escolhemos concentrar nossa atenção realmente se concretizou." Depois de um abraço muito apertado, continuamos nosso dia e nos sentimos aliviados, abençoados e muito agradecidos.

Muito obrigada, Louise! Com sua ajuda superei o medo de que a doença voltasse, e me concentrei, a cada dia, na felicidade e na cura. Suas palavras continuam a alcançar meu subconsciente; e hoje, já de volta à sala de aula, em meio período, estou passando aos meus alunos palavras positivas de estímulo.

Um fogo de esperança e força
Alyssa, auxiliar de consultório médico, Geórgia

Aos 31 anos de idade, ao ser diagnosticada com um tipo de câncer extremamente raro e agressivo, fiquei abalada com a notícia e refém de um medo insuperável. A base da minha vida, na qual eu me apoiava com tanta certeza, pareceu, no mesmo instante, se desintegrar sob meus pés. De repente eu me sentia como se estivesse caindo num abismo escuro. Enquanto os médicos tentavam entender o que estava acontecendo comigo e o que deveriam fazer, eu queria saber como isso tinha acontecido, e também identificar o que era esse borrão em que minha vida havia se transformado. À medida que chegavam os resultados dos exames e o quadro clínico ia tomando forma, a situação parecia cada vez mais desoladora.

Como as trevas ameaçaram se estabelecer, procurei, desesperada, a luz. Encontrei-a ali na televisão — e tinha a forma de uma mulher fascinante e majestosa chamada Louise Hay. Em sua entrevista a Oprah Winfrey, Louise disse palavras poderosas de esperança e de bondade. Ela possuía a voz calma e reconfortante de uma mãe carinhosa; sua serena confiança ressoava em algum lugar nas profundezas do meu ser. Enquanto todos os demais falavam apenas de estatísticas calamitosas, resultados precários e tratamentos martirizantes, ela ousava enviar mensagens de cura e integridade: "Tudo está bem." "Dessa experiência, só o bem irá prevalecer." "Tudo está trabalhando pelo meu máximo benefício." "Eu estou em segurança." Era a centelha de luz que eu estivera buscando e pela qual ansiava. Enquanto ouvia as palavras de Louise, tive a sensação de que alguém acendia de novo dentro de mim a chama que parecia extinta. De certo modo, eu sabia que ela podia ser insuflada para se transformar numa fogueira de esperança e de força – eu poderia ressurgir das cinzas e dar um passo adiante, entrando numa vida nova e saudável.

Terminada a entrevista, mergulhei no uso das afirmações, reivindicando como meu direito divino o perfeito bem-estar e a cura permanente. Depois de ter lido mais sobre a visão que Louise tem da cura, da integridade, da abundância e do amor, foi como se uma cortina se abrisse. O que foi revelado foi um belo mistério, um diagrama de um enigma decifrado e de sabedoria compartilhada.

Enquanto minha equipe médica fazia seu trabalho, eu fazia o meu. Comecei a me desvencilhar dos velhos padrões e crenças que me haviam impedido de abrir o coração e a vida para a essência e o potencial verdadeiros que tinham. O que os médicos tomaram por uma extraordinária resposta clínica, eu sabia que eram minhas afirmações e visualizações se tornando realidade. Então, depois do meu renascimento físico, seguiu-se meu renascimento espiritual, que por vezes até tomou a dianteira. Comecei a ver a oportunidade que tinha recebido para "depurar" minha vida e escolher o que eu queria devolver a ela, para redefinir tudo. E o que tinha começado como uma desesperada tentativa de agarrar a esperança converteu-se num caminho aberto para o despertar e a cura.

Louise, você me mostrou o caminho de volta para casa – você é de fato um farol de luz, amor e esperança para todos nós. Eu lhe agradeço de todo coração por reacender o fogo dentro de mim.

O caminho de volta à Louise
Debbie, empresária e professora
aposentada, Texas

Em junho de 2007, fui diagnosticada com uma forma rara de câncer, um tumor estromal gastrointestinal. Depois da cirurgia de remoção do tumor, quase todos os médicos insistiram na necessidade de eu prosseguir o tratamento, mas a quimioterapia e a radioterapia não funcionaram. Admito que fiquei preocupada, mas não assustada. Na época, meus sentimentos se caracterizavam mais pela determinação do que pelo medo. Eu sabia que ia fazer alguma coisa para ficar boa — só não tinha certeza do que seria. Tomei a decisão de que o tratamento, qualquer que fosse, deveria ser algo que absolutamente não me prejudicasse.

Como eu não tinha certeza do que precisava fazer, segui meus instintos, e fiquei andando sem rumo certo. Em casa eu vagava de um cômodo para outro. Perambulava pelo quintal, olhando constantemente para cima — de dia observava as nuvens; à noite, as estrelas. Muito embora eu pudesse ter dado a impressão de estar procurando alguma coisa em todos esses lugares, sabia que estava realmente buscando aquilo que já tinha. Eu confiava que o elemento buscado, qualquer que fosse, viria a mim no momento perfeito.

Um dos meus lugares favoritos para perambular era um centro comercial perto de minha casa. Numa extremidade dele está o mercado de alimentos naturais, que se tornou muito instrumental para atender minhas necessidades nutricionais; no extremo oposto há uma livraria. Quatro ou cinco semanas depois do diagnóstico eu andava a esmo dentro dessa livraria; lembro-me que olhei para uma prateleira e vi um exemplar isolado de um livro que tinha sido deixado fora da estante. Senti forte impulso de estender a mão e tirá-lo dali. Quando vi o título, comecei a rir para valer, pensando: *Quem me dera! Isso não seria ótimo?* Mesmo assim, obedeci ao conselho de minha voz interior e o comprei. Naturalmente, se tratava de *Você pode curar sua vida*.

Quando cheguei em casa, devorei o livro de Louise. Enquanto lia as palavras, soube que ali estava o que eu esperava. Imediatamente, comecei a fazer as afirmações, os exercícios e as visualizações sugeridas por Louise; quanto mais eu praticava, mais perita me tornava naquela prática.

Agora, depois de um ano e meio, minha saúde está excelente! Tenho muita energia e sei que estou vivendo a vida do jeito que deveria — feliz, saudável e vibrante! *Você pode curar sua vida* se transformou num guia de inspiração que continuo a usar. Serei eternamente grata a Louise.

Milagres acontecem mesmo!
Alana, terapeuta de ioga e mestra em Reiki, Califórnia

Louise Hay tem sido tremenda inspiração para mim. Verdadeiramente, ela mudou minha vida de forma muito positiva. Quando precisei de um milagre, eu a escutava todo dia em meu leito de enferma, e o milagre aconteceu!

Em 2003, fui diagnosticada com um caso grave de doença de Crohn. A evolução do quadro me fez passar dois anos de cama, sentindo dores lancinantes todos os dias. Depois de eu ter requerido auxílio-doença e tentado usar cada medicação disponível, sem obter resultado de nenhuma delas, os médicos desistiram de mim. Eles disseram que era muito improvável eu conseguir sair da cama.

Minha mãe, psicóloga aposentada, jamais abandonou a esperança de me ver melhorar algum dia. Ela havia sido extremamente ajudada por Louise Hay durante o período em que estava se divorciando. Na época, ela me trouxe dois CDs de Louise para podermos ouvir juntas. E eu adorei as gravações — a voz calmante de Louise entrava diariamente no quarto e, com isso, eu me sentia muito melhor. Era como se ela fosse meu anjo. Posteriormente, li os livros dela e repeti afirmações muitas vezes, todos os dias, o que fez uma grande diferença em minha vida.

Milagres acontecem mesmo! Continuei a trabalhar todo santo dia em minhas afirmações e no pensamento positivo; e aos poucos, com o passar do tempo, fui ficando cada vez mais saudável. Não só deixei o leito, mas comecei a fazer aulas de ioga e Reiki, que contribuíram para me levar a um estado de verdadeiro bem-estar. Posso alegremente afirmar que, agora, sou instrutora e terapeuta de ioga e mestra em Reiki. Meu objetivo é difundir a obra que tão miraculosamente me devolveu a saúde; portanto, me especializo em trabalhar com pessoas que tenham doenças crônicas ou graves. Eu desejo retribuir o que recebi!

Começo cada uma de minhas aulas de ioga permitindo que os alunos apanhem um cartão de afirmação de Louise Hay; no final da aula, eu os convido a levarem para casa um cartão e colocá-lo em algum lugar visível. Eles adoram a proposta! Muitos alunos tiveram experiências positivas ao levar para casa um desses cartões. Meu sonho é algum dia ser capaz de ajudar tantas pessoas quantas as que Louise ajudou e conseguir fazer palestras e escrever livros de estímulo e apoio. Em 2007, tive o prazer de comparecer com minha mãe ao congresso "Eu posso!", em Las Vegas. Foi uma das melhores viagens que já fiz, e sempre será uma lembrança que guardo com carinho no coração.

Louise, você esteve ao meu lado quando os médicos desistiram de mim, e sua voz gentil cuidou de mim até eu recobrar a saúde. Por isso sou eternamente grata. Para mim, você é miraculosa!

A luz da saúde
Alena, empresária e diretora-executiva, Canadá

Sou de um país pequeno no meio do continente europeu. Em 1993, li pela primeira vez um dos livros de Louise Hay, e senti como se alguém estivesse falando para o meu coração. Eu não entendia o motivo de tê-la encontrado tão tarde, aos 27 anos. Agora sei que quando o discípulo está pronto, um mentor aparece.

Louise ajudou todos os aspectos da minha vida e posteriormente encontrei Shakti Gawain, Napoleon Hill, Dale Carnegie, Norman Vincent Peale e Stephen R. Covey. Aprendi muito com todos esses escritores maravilhosos, mas Louise continua a ser minha favorita.

A forma como Louise influenciou minha vida foi na saúde. Quando a descobri eu já tinha passado 22 anos sofrendo crises frequentes de amidalite estreptocócica. Vários médicos confirmaram esse diagnóstico, embora nenhum tenha feito um exame de laboratório. Tinham certeza absoluta de que se tratava de amidalite bacteriana e sempre receitavam antibióticos. Às vezes, eu tinha uma série de infecções nas amídalas, uma depois da outra, durante seis semanas seguidas – o que significava tomar antibióticos a cada duas ou três semanas, um período atrás do outro.

Foram os ensinamentos de Louise e o forte apoio do meu marido que me deram a coragem necessária para virar o jogo. Portanto, quando, ao ser de novo diagnosticada com amidalite, recebi a prescrição de antibióticos, resolvi me livrar da doença sem tomar um só comprimido. E foi exatamente o que fiz!

Pratiquei meditação com as afirmações que Louise traz no livro *Você pode curar sua vida*, e segui os outros conselhos dela, inclusive o de adotar uma dieta leve para me livrar de toxinas e deixar meu corpo se curar. Sete dias depois fui à médica para uma consulta de revisão. Quando ela confirmou que eu estava completamente curada, a notícia quase me fez desmaiar de entusiasmo. Meu milagre é ter ficado curada sem antibióticos, e nunca mais ter voltado a sofrer de amidalite.

Louise, você esteve presente desde o comecinho da minha grande viagem, e por sua causa aprendi tanta coisa! Graças a você encontrei a luz no fim do túnel – e graças a você, mais uma vez, agora estou vivendo nessa luz. Sinto muita gratidão e tenho por você imenso amor e respeito. Sinta-se orgulhosa de si mesma.

O poder regenerador da mente
B. J., aposentada, Texas

No começo de 2004, depois de passar meses sofrendo de dores torácicas, visitei três diferentes médicos que me submeteram a muitos exames; no entanto, nenhum conseguiu encontrar a origem do problema. Em julho daquele ano eu estava saindo do carro quando caí no chão, paralisada da cintura para baixo. Felizmente uma amiga que estava comigo chamou a ambulância. No hospital, uma ressonância magnética mostrou um tumor volumoso no alto da coluna vertebral, resultante da metástase de um câncer de mama. Disseram-me que eu precisava fazer imediatamente uma cirurgia, que removeria o tumor e me daria conforto até o fim. Este viria em quatro ou cinco meses, embora tivessem dito à minha filha que eu não sobreviveria nem mesmo à cirurgia.

No dia seguinte – meu aniversário de 63 anos – o tumor foi removido. Passei 48 horas na UTI. Uma vez que sobrevivi esse tempo todo, fui transferida para um quarto particular. Os médicos ficaram surpresos, mas me garantiram que eu nunca mais andaria. Fiz radioterapia na coluna e comecei a terapia medicamentosa para o câncer de mama. Novamente, quando comecei a mexer o dedão do pé, os médicos se espantaram, mas prometeram que isso seria o máximo que eu conseguiria.

Depois de transferida para uma clínica de reabilitação, passei por outra experiência de quase morte quando coágulos entraram em meus pulmões. Mais uma vez fui levada de ambulância a um hospital próximo e internada na UTI; novamente disseram à minha filha que o fim havia chegado. Sofri uma infecção de estafilococos causada pela inserção de um filtro para evitar que mais coágulos entrassem em meus pulmões ou coração, mas depois de quatro semanas fui devolvida à reabilitação, onde passei as seis semanas seguintes fazendo fisioterapia e terapia ocupacional. Um dos técnicos insistiu que eu podia andar, recusando-se a aceitar uma resposta negativa. No começo, só consegui dar uns passos vacilantes, mas quando saí da reabilitação já conseguia dar a volta na academia, com assistência e apoiada num andador.

Depois de ter passado por quatro hospitais em quatro meses, passei os oito meses seguintes com minha filha e a família dela, e continuei a me recuperar. Demorou um pouco, mas estou de novo morando sozinha, dirigindo meu carro e fazendo a maior parte das coisas que tenho vontade. Há três anos estou livre do câncer, e embora a marcha já não seja a de antes, eu *posso* andar – e sem bengala ou qualquer outro apoio.

Você deve estar se perguntando onde é que Louise Hay se encaixa nisso tudo. Ora, durante minha permanência inicial no hospital, minha filha me levava livros e CDs, e descobri que os de Louise foram especialmente benéficos. Eu tocava os CDs o tempo todo, e quando não os estava ouvindo, fazia meditação e repetia as afirmações. Se não fossem as palavras de Louise, neste momento eu não estaria andando, nem curada, sequer viva. Entendi que a doença estava em minha mente, e que podia ser curada. Louise me lembrou que eu tinha que mudar meus pensamentos, e isso mudou minha vida. Continuo a desfrutar de seus ensinamentos e sou muito grata a ela.

Aceitando a esclerose múltipla
Victoria, designer gráfica, Canadá

Em 1987, fui diagnosticada com "esclerose múltipla recorrente remissiva". Meus sintomas eram visão turva e dormência nas mãos, nos braços e nas pernas. Meu neurologista me informou que para mim não havia, àquela altura, nenhum medicamento disponível e que em dois anos eu estaria numa cadeira de rodas. *Não, não estarei*, foi meu pensamento.

Resolvi "conversar" com minha esclerose múltipla (EM). Disse-lhe que a respeitaria, mas que em troca ela teria que *me* respeitar e deixar que eu vivesse minha vida. Quando eu não respeitava a mim mesma, sofria surtos de visão turva e fraqueza nas pernas e nos braços que duravam dois ou três meses. Isso prosseguiu durante 15 anos, até minha doença se agravar por conta de problemas pessoais, em 2003.

A essa altura, acelerando-se, a doença entrou no estágio de "esclerose múltipla secundariamente progressiva". Eu não tinha equilíbrio e, segundo os médicos, nenhuma chance de remissão. Já não conseguia caminhar sem auxílio de um andador. Sentia dores fortes, que davam a sensação de choques elétricos que me atravessavam a cabeça e os ombros. Minha fala ficou arrastada, eu me engasgava com os alimentos, não coordenava movimentos de braços e pernas e passava o tempo todo dormindo. Meus sintomas refletiam o que acontecia em minha mente, esmagada pelas emoções controladoras de ressentimento, raiva e medo.

Nessa época, descobri Louise Hay, cujos ensinamentos me mostraram que eu precisava assumir responsabilidade por minha própria doença. Eu era a única pessoa que podia decidir se voltaria a andar e precisava ser capaz de dar apoio a mim mesma. A EM não foi um diagnóstico terrível, foi uma bênção disfarçada. Meu corpo estava falando comigo e me dizendo que eu seria capaz de caminhar sozinha, se optasse por isso. Para tanto, deveria ser mais independente e tomar minhas próprias decisões.

Comecei a dizer afirmações todo dia, sentindo-as de verdade; e comecei a dar uma guinada em minha vida. Afastei-me do medo e tomei minhas decisões com base no amor e na verdade. Amando a mim mesma, honrando meu corpo e não me tratando como vítima, criei a mais extraordinária versão de mim mesma. Também comecei a atrair para minha vida pessoas de mesma mentalidade, positivas e apoiadoras.

Estou fazendo Pilates e tendo aulas de dança do ventre. Comecei a ter aulas de arte e continuo minha carreira de designer gráfica. Agora que consigo falar e enxergar com nitidez, tenho mais energia e 100% de melhora em minha coordenação. Considero meu andador um apoio, não uma muleta. Ler os livros de Louise e dizer diariamente as afirmações dela – e, acima de tudo, senti-las em meu coração – me levou a aceitar a EM e me deu a paz interior para seguir adiante sem medo. Agora sou a mulher que nasci para ser, e tenho confiança em minhas capacidades!

Louise inspira e ajuda a curar
Mary, musicista, artista plástica e escritora, Califórnia

Desde 1986, Louise Hay tem sido uma inspiração para mim. Naquele ano eu estava morando em São Francisco, e certo dia, quando examinava as estantes de uma livraria local, um exemplar de *Você pode curar sua vida* pareceu cair diretamente em minhas mãos. Naturalmente, eu o comprei, e ainda tenho esse exemplar muito manuseado, que consulto com frequência.

Imediatamente me identifiquei com Louise: sou solteira; fui criada na Ciência Cristã, que na verdade não me agradava muito; em 1983 comecei a praticar meditação transcendental e pouco depois aderi ao movimento Novo Pensamento. Ao longo dos anos passei a comprar tantos dos produtos de Louise que sua editora me presenteou com um exemplar encadernado em couro branco de *Você pode curar sua vida*, que é um dos meus tesouros.

Durante todos esses anos, tenho vivenciado grande inspiração e iluminação vindas das obras de Louise. Por exemplo, em fevereiro de 1988, depois de sentir que alguma coisa em mim estava extremamente errada, recebi dois diagnósticos de câncer de colo do útero. Contei a poucas pessoas o meu problema e simplesmente decidi me dirigir ao Optimum Health Institute (OHI), um lugar que sei que Louise também ama, em San Diego. Eu ia de carro do litoral do município de Mendocino, para onde havia me mudado meses antes, com o intuito de me entregar ao desejo ardente de tocar piano jazzístico, e passei duas semanas "recebendo a cura". O verdadeiro bálsamo de cura foi uma antiga fita cassete de orientações e afirmações de Louise (um querido amigo gravou a fita para mim e eu nem sequer conheço o título). A voz tranquilizante de Louise me ajudou a relaxar no regime do OHI, e eu sempre tive a sensação de que absorver a verdade das palavras dela foi parte preponderante da minha cura.

Quando saí do instituto, sabia que estava bem, mas vários meses depois fui fazer um check-up num médico tradicional. Ele me declarou saudável, completamente curada da enfermidade, e desde então continuei assim.

Muito obrigada, Louise, por me dar a oportunidade de compartilhar essa história. Envio muito amor a você!

Externando meus problemas
Renée, terapeuta de integração
somato-respiratória, Nova York

Dez anos atrás, fui internada num hospital para dar à luz minha segunda filha. No dia seguinte ao parto descobri no pescoço um caroço do tamanho de uma bola de golfe. Para resumir, era um tumor canceroso em minha tireoide; os médicos quiseram operar imediatamente e começar a quimioterapia e a radioterapia. Agradeci e disse: "Não, quero levar meu bebê para casa."

Totalmente chocada, rezei para tudo, até para minhas plantas, em busca de respostas. Fui à livraria para me informar de minhas opções, já que a cirurgia não era uma delas (eu não queria parar de amamentar minha filhinha). O livro de Louise Hay, *Você pode curar sua vida,* me chamou a atenção e cantou para minha alma. Graças ao livro passei a empregar horas infinitas em afirmações e respiração profunda, e chorei muitas lágrimas. Meus problemas vieram à tona para serem examinados, e depois curados, inclusive a artrite reumatoide de que eu vinha sofrendo desde os 3 anos de idade. Nem preciso dizer que fiquei mergulhada até as orelhas em problemas do meu passado, mas as coisas precisam piorar antes de melhorar!

Tenho o prazer de dizer a vocês que me curei sem nenhuma cirurgia ou medicação, coisa que não poderia ter feito sem Louise Hay. Digo a todos que se eu ficasse perdida numa ilha, o livro que gostaria de ter comigo seria *Você pode curar sua vida*. Algum dia eu vou olhar Louise nos olhos e tentar retribuir tudo o que ela me deu. Meu coração está cheio de bênçãos para essa admirável mulher.

Desafiando toda a história médica
Sue, gerente de vendas, Texas

Estou íntegra de corpo, mente e espírito... tudo está bem em meu mundo!

Desde 1999, meu mantra e minha tábua de salvação têm sido essa afirmação de Louise Hay, sempre gravada em minha mente e presa com adesivo ao espelho do meu banheiro. No dia 31 de agosto daquele ano recebi diagnóstico de mieloma múltiplo. Disseram-me que meu problema não podia ser curado, mas era tratável e controlável. Fiz a escolha de que isso não seria minha realidade! Uma semana depois do meu diagnóstico, uma pessoa amiga me deu de presente o livro *Você pode curar sua vida*, em fita cassete. Eu ouvia o texto religiosamente, e em semanas a mensagem eloquente e extremamente poderosa de Louise encontrou ressonância em algum lugar nas profundezas do meu ser. Eu sabia que sobreviveria por acreditar que *Estou íntegra de corpo, mente e espírito... tudo está bem em meu mundo!*

Nos anos seguintes, ao longo do meu trajeto, continuei a recitar aquela afirmação. A versão impressa do livro *Você pode curar sua vida* tornou-se meu guia de bem-viver; e tenho sempre os livros *Cure seu corpo, 101 Ways to Health and Healing* [101 caminhos para a saúde e a cura] e os *Power Thought Cards* [O poder através das cartas] na mesinha de cabeceira ou ao meu lado!

Para mim ficou muito evidente que as afirmações positivas e a inspiração de Louise me deram o poder de viver. E meu milagre foi confirmado no dia 9 de julho de 2008, quando o oncologista me disse: "Sue, nem posso acreditar que estou dizendo isso, porque desafia a história de toda a medicina, mas você está curada, livrou-se do mieloma – ele desapareceu! Você é mesmo um milagre ambulante!" No fundo do coração sei que minha infinita fé em Deus, e a atitude positiva que conservo, por ter Louise Hay sempre comigo, são as razões pelas quais sou hoje uma mulher muito feliz e saudável.

Estou para sempre em dívida com você, Louise, por seu constante desejo de ajudar pessoas como eu. *Muito obrigada!*

Eu manifestei uma vida gloriosa!
Iwona, fotógrafa, Reino Unido

Durante uns dois anos, fui atormentada por surtos regulares de herpes genital. Eles ocorriam a cada dois meses, e os tratei, cada um, com uma passagem pelo hospital e antibióticos. A cura de um surto levava, então, mais de uma semana.

Um dia, notando o habitual desconforto que precedia um surto, resolvi aplicar a filosofia de Louise Hay. Por anos eu li os livros dela e sabia que não dava para continuar tomando antibióticos e aceitando, ao mesmo tempo, a ideia de minha mente ser capaz de curar e manifestar.

Entendi que minha tarefa agora era mergulhar tão fundo quanto possível nos velhos padrões de rejeição a meus próprios órgãos sexuais como jovem adulta... portanto, foi isso que fiz. Lembrei-me da época em que acreditava que meus órgãos genitais eram feios e constrangedores, quando não conseguia tocá-los e sequer olhar para eles. Eu nunca usava absorvente interno quando ficava menstruada, pois não conseguia conceber a ideia de colocar alguma coisa na vagina. E, naturalmente, não conseguia nem imaginar fazer sexo. Tudo isso se abrandou um pouco quando completei 20 anos e senti que era hora de "virar adulta". Mesmo assim, eu percebia que tinha criado surtos de herpes muito regulares, que começaram a surgir alguns anos depois.

Comecei com muita esperança meu trabalho interior nesses padrões negativos, e o alegre sentimento de conseguir superá-los. Eu não mencionava para mim a palavra *dor,* substituindo-a deliberadamente pela palavra *sensação,* para não dar força à ilusão de doença. Usei a afirmação para herpes contida no livro de Louise, *Você pode curar sua vida,* adotando-a como meu mantra. Eu a repetia o tempo todo, com profunda convicção de já estar curada. Com a máxima frequência possível, visualizava os órgãos sexuais como saudáveis, resplandecentes de beleza natural. Eu me esforcei ao máximo para criar a atmosfera de bem-estar e valorização para meus belos órgãos genitais, e senti de verdade que estava me curando bem depressa.

Após quatro dias de meu trabalho, tive um sonho surpreendente. Nele, eu ia ao hospital para ver se o herpes desaparecera, embora soubesse intuitivamente que tinha sido curada. O médico me examinava e dizia: "Estou vendo aqui o efeito das afirmações de Louise e do outro trabalho mental que você fez. Tudo parece perfeito, e você está totalmente curada."

Acordei com uma sensação vibrante de que um grande milagre tinha acabado de acontecer. Meu sonho me deu a certeza de ter sido curada, e de que eu tinha realizado essa cura com o poder de minha mente e sem antibióticos! Essa experiência me deu uma crença muito forte em fazer um trabalho mental e me interiorizar para criar o mundo exterior. Qualquer pessoa tem o potencial de manifestar vidas gloriosas, repletas de amor e de magia.

Agora, passados muitos anos, eu não tenho tido nenhum surto. Estou curada de fato, graças à Louise!

O amor cura
Jodie Kristine, vice-presidente de empresa de avaliação de propriedade imobiliária, Califórnia

Em 1987, aos 24 anos de idade, fui diagnosticada com a doença de Crohn. Mesmo medicada, eu sofria terrivelmente. Dois anos depois minha saúde havia se deteriorado a tal ponto que o médico resolveu me tratar com corticoides, e talvez precisasse fazer uma cirurgia para remoção parcial dos meus intestinos. Eu estava saturada de me sentir doente e cansada – no entanto, sabia que não queria passar por cirurgia, já que seria apenas um paliativo que não levaria à verdadeira cura. Necessitada de encontrar uma cura, comecei a rezar.

Uma amiga me convidou para uma apresentação no Circle Star Theater, em San Carlos, Califórnia, e foi aí que encontrei Louise Hay. A partir daquele momento minha vida mudou... descobri que o amor cura. Comecei a fazer minhas afirmações diariamente diante do espelho, repetindo constantemente: *Eu me aceito e me aprovo.* Hoje sou um milagre: aos 45 anos não tomo remédios e estou em condição física melhor do que há 20 anos. De dois em dois anos faço uma colonoscopia e cada exame tem mostrado uma cicatrização constante em minhas paredes intestinais.

Muito obrigada, Louise, por ser quem é, e compartilhar seu conhecimento para eu poder curar minha vida. Tenho em casa, sobre minha mesa de trabalho, uma foto sua, e ela me lembra de fazer minha tarefa e de agradecer a você. Recentemente meu marido e eu a vimos em Los Angeles – que alegria foi conversar com você novamente depois de todos esses anos. Envio-lhe amor e bênçãos.

Meu caminho milagroso
Gayle, enfermeira diplomada, massoterapeuta licenciada, educadora em macrobiótica, e *personal chef*, Flórida

Em 1970, aos 14 anos de idade, eu era um espírito livre. O mundo era bonito, já que a época era de paz e amor, o raiar da Era de Aquário. Eu me tornei vegetariana e praticante de ioga, e vivia feliz seguindo esse caminho.

Terminei a faculdade em 1978, e depois da graduação felizmente encontrei um apartamento num centro de ioga. A dirigente do centro tornou-se a mãe incondicionalmente amorosa pela qual eu sempre havia ansiado. Eu a chamava "Swami Mommy", e ela era tudo para mim. Eu teria ficado com ela para sempre, mas a vida me afastou. Meu interesse em nutrição me levou à faculdade de enfermagem e eu acabei totalmente imersa no mundo médico. Dia após dia eu era testemunha de cirurgias, medicação, doenças que ninguém deveria ver jamais, e morte. Eu me extraviei por completo do meu caminho!

Um desejo implacável de voltar para junto de minha professora de ioga finalmente me fez retornar a ela, em 1994. Alegrei-me ao ver que seu centro de ioga tinha prosperado; lembrei-me de minha juventude, e voltei feliz ao meu caminho. Então, em 9 de novembro de 1996, minha Swami Mommy morreu, subitamente. O amor e os cuidados que me dedicava desapareceram, e tive a sensação de que meu coração explodira. Eu sentia uma terrível dor nas costas, e parecia que tudo em meu corpo estava quebrado. Pouco tempo depois descobri um caroço no seio. O que eu tinha era câncer de mama, que se havia espalhado para 12 nódulos linfáticos. Em termos médicos, recebi uma sentença de morte – disseram-me que meu tempo de vida era de seis meses a um ano.

Mas minha Swami Mommy me havia deixado um presente: um de seus alunos de ioga que vivia numa tenda no centro. Esse homem maravilhoso tinha poucas posses, entre as quais um surrado exemplar do livro *Cure seu corpo*, de Louise Hay. "Você precisa ler isso", ele disse. E foi o que fiz.

Ouvi dizer que um professor pode nos comover, que os métodos dele podem encontrar ressonância em nós, e que a cura pode se realizar instantaneamente. Acho que foi o que me aconteceu no dia em que abri aquele livro. *Minhas costas. Meu seio. Câncer.* Louise oferecia a causa de cada um dos problemas que eu tinha. Recitei as afirmações que ela fornecia. Absorvi a própria história dela sobre como se curou do câncer. E acreditei que *eu* também poderia me curar.

Depois daquele dia em 1996, quando aquele homem maravilhoso (que depois se tornou meu marido) partilhou comigo o exemplar de *Cure seu corpo*, tenho visto exemplares coloridos, lustrosos, novos em folha de muitos livros de Louise Hay. Mas nunca vou me separar daquela brochura gasta e remendada com fita adesiva que ainda usamos o tempo todo.

Agora, em 2009, eu estou viva e saudável. Agradeço diariamente à Louise Hay por ter escrito o livro que me ensinou a curar meu corpo – isso é o meu milagre!

O livro mágico
Maria Isabel, executiva de vendas, Equador

Em maio de 2006, fui diagnosticada com câncer de mama. Naquele momento muito difícil eu não sabia o que fazer. Minha cunhada me trouxe o livro *O poder dentro de você*, escrito por Louise Hay, e ele me pareceu mágico. Quando comecei meu tratamento, eu me lembrava do que tinha lido e praticava tudo o que Louise recomendava. Completei o tratamento sem qualquer problema – tudo deu certo, e minha recuperação foi fácil. Sei que a maioria dos que sofrem de câncer não dirá que tal experiência foi uma chance de descobrir todas as oportunidades que há na vida. Mas essa era minha atitude, e tudo deu maravilhosamente certo.

Na época em que iniciei o tratamento, também comecei a reconstruir minha casa e continuei no meu emprego (trabalho numa fazenda de floricultura que fica a uma hora de distância da minha cidade). Continuei a fazer as coisas normalmente, e não mudei de vida. Tinha certeza de que tudo daria certo, de que eu ficaria saudável e de que minha vida inteira seria fantástica... e eu tinha razão! Agora tenho mais oportunidades do que antes, e a certeza de que viverei uma vida longa e feliz. Sim!

Estou segura de que Deus me colocou nas mãos o livro de Louise Hay, e sou grata a Ele (e a ela!).

Totalmente curada de todas as maneiras
Jaimi, massoterapeuta, Califórnia

Durante a primavera e o verão de 2006, tive uma repentina intensificação de minha colite ulcerativa. Consultei alguns médicos, mas eles nunca fizeram nada para ajudar. Portanto, no período de maio a julho fiquei escondida dentro de casa, com medo de sair e de não conseguir chegar a tempo ao banheiro mais próximo – infelizmente isso me aconteceu no passado e me fez passar a maior vergonha. Eu era escrava do banheiro. Nunca sabia quando um episódio poderia ocorrer, mas quando acontecia eu podia ficar incapacitada durante horas. Às vezes me deitava na cama sentindo tanta dor que só queria morrer para acabar com aquilo. Meus filhos ficaram muito independentes, coisa que agora acho positiva, mas que na época me levou à sensação de total impotência.

Um dia eu estava saindo de casa para levar os cachorros para passear e uma vizinha me falou de Louise Hay e do livro *Você pode curar sua vida*. Segundo me disse, as ideias que Louise apresentava naquelas páginas podiam me parecer ousadas, mas se eu me dispusesse a fazer a tarefa, ficaria curada. Como sempre me considerei uma pessoa espiritualizada, acreditei que estaria à altura do desafio.

Desde que terminei de ler *Você pode curar sua vida* e de fazer os exercícios do livro, há alguns anos, posso dizer que estou totalmente curada. Sim, o caminho tem sido difícil, mas eu o começaria de novo. Minha vida e minhas opiniões sobre a vida mudaram completamente. E eu prossegui a viagem: fui procurar terapeutas espirituais, acupunturistas e xamãs; li os livros escritos por Doreen Virtue, Brandon Bays e outros autores espirituais.

Estou muito agradecida por tudo o que aprendi e ainda estou aprendendo a meu respeito. Eu não só mudei minha própria vida, como o processo ainda ajudou também as pessoas que me cercam. Sou hoje uma pessoa melhor e agradeço a Deus e ao Universo pela experiência que tive. Eu valorizo tudo, todos e cada dia. Estou muito grata ao Universo, mas dou um *imenso* muito obrigado à Louise, a quem bendigo todo santo dia! Ela é a minha guru. Acredito que ela seja a razão pela qual eu hoje estou assim: curada, saudável, agradecida e feliz!

Muito obrigada, Louise, do fundo de meu coração... e de meu cólon saudável!

Livre do câncer e coberta de bênçãos
Lin, orientadora pedagógica, Nova Jersey

Isso é apenas um pensamento, e um pensamento pode ser mudado. A frase tornou-se um salmo para mim, há mais de 15 anos, quando descobri que estava sofrendo de câncer de mama.

Enquanto eu estava escrevendo minha tese sobre a conexão mente-corpo, encontrei uma loja que vendia as obras de Louise Hay e me senti atraída por *Você pode curar sua vida* em livro e em áudio. Milagres foram imediatamente colocados em ação, e muitas coisas entraram nos eixos, como eu precisava.

O câncer vira de cabeça para baixo o mundo da gente. Então, embora fosse inverno e fizesse frio, eu ficava caminhando por muito tempo com meu marido para liberar a energia negativa. Depois de chegarmos em casa, eu punha a fita de Louise para tocar e adormecia. Sempre que me angustiava, eu me concentrava em mudar os pensamentos negativos. E passava o tempo todo repetindo minhas afirmações.

Em breve, muitos me recomendaram um médico especialista em câncer de mama. Quando liguei para o plano de saúde para ser tratada por esse especialista, disseram-me que por um acordo recém-assinado ele tinha acabado de aderir a meu convênio. Finalmente senti que estava no lugar certo para tratar o câncer com sucesso. Encontrei outros autores do pensamento positivo como Bernie Siegel, e recursos como *Um curso em milagres*; portanto, eu estava mesmo a caminho de me curar.

Agora estou recuperada do câncer e agradecida pelo embasamento que Louise me proporcionou. Muitas portas se abriram para mim na vida, e fui verdadeiramente abençoada. Isso é maravilhoso!

Sorrisos e milagres
Nancy, profissão não declarada, Nevada

As dificuldades da minha vida começaram no útero. Quando completei 13 anos, eu era uma garotinha tão triste e envergonhada que ainda não sabia sorrir. Li numa revista que era uma boa ideia sorrir para as pessoas que todo dia passassem ao meu lado; portanto, fui para o espelho do banheiro ver que aparência teria esse sorriso. Quando fiz uma tentativa, só senti dor na musculatura do rosto; o que vi no espelho foi uma careta desagradável. Chocada, decidi substituir essa careta por um sorriso de modelo. Passei meses praticando, até reunir a coragem de tentar em público. Quando o fiz, um senhor idoso retribuiu gentilmente meu sorriso. Fiquei atônita. Foi transformador.

Outro acontecimento marcante ocorreu quando eu tinha 52 anos e recebi o diagnóstico de câncer de mama. Estava agendada uma cirurgia de remoção de grande parte do seio direito, seguida de quimioterapia, exatamente como havia feito minha mãe (ela morreu de câncer de mama aos 54 anos). No dia em que deveria ser operada, ao acordar liguei para o consultório médico, dizendo que não queria fazer a cirurgia. Surpreendentemente a enfermeira que atendeu ao telefone replicou: "Sorte sua!"

Eu não sabia o que fazer ou como proceder para curar o câncer – mas o Universo sabia. Fui levada a uma série de pessoas, que me esclareceram quanto aos métodos alternativos de cura. Depois chegou a mim o livro de Louise Hay, *Você pode curar sua vida*. Naturalmente, fiquei empolgada ao ler sobre o modo como Louise ficara curada do câncer. Comecei a aplicar seus ensinamentos, juntamente com outras coisas que aprendi. Consegui curar a mim mesma: as mamografias dos últimos sete anos indicam que estou normal.

Recentemente encontrei Louise no congresso "Eu posso!", em Las Vegas. Confessei-lhe o impacto que os ensinamentos do livro dela causaram em mim, no qual continuei a aprender. Revelei que tinha ensinado princípios aprendidos com ela a meus filhos adultos, e que eles continuaram a experimentar resultados extraordinários – todo ano meu filho mais velho até pede como presente de Natal a agenda "Eu posso!".

Nem todos os milagres são acontecimentos espetaculares, dignos de nota. Com frequência, eles são minúsculas sementes do bem, plantadas por aqueles que estão dispostos a compartilhá-las. As sementes que lutam nas tempestades da vida depois crescem e se transformam em exemplos fortes que inspiram e encorajam outros ao longo da vida.

Naquele dia, enquanto Louise e eu conversávamos, ela pegou minhas mãos entre as dela e perguntou: "Sabe que você é muito poderosa?" Hesitei um pouco. Então enxerguei a viagem em que tinha embarcado, desde quando era uma adolescente de 13 anos que não conseguia sequer sorrir até chegar a uma mulher madura que disse "Não!" ao câncer de mama, e que continua a plantar as miraculosas sementes do bem de Louise Hay.

Olhei ousadamente nos olhos de Louise, abri um sorriso e concordei enfaticamente: "Sim, eu sei!"

Como fazer o trabalho com Louise

Ao tratar de qualquer problema clínico, é importante conversar com um profissional de saúde. Mas cumpre também descobrir a raiz da doença dentro de você. Não se pode curar uma doença por completo com um simples tratamento dos sintomas físicos. Até você ter curado os problemas emocionais e espirituais que são a fonte da enfermidade, seu corpo continuará a manifestar a doença.

Você terá uma compreensão mais abrangente de seus pensamentos sobre a saúde se completar os exercícios a seguir (escreva as respostas numa folha avulsa ou em seu diário).

Para se livrar de problemas de saúde

A verdadeira cura envolve o corpo, a mente e o espírito. Acredito que se "curarmos" uma doença, e ainda assim não resolvermos as questões emocionais e espirituais que a cercam, ela irá se manifestar de novo.

Portanto, você está disposto a abrir mão da necessidade que contribuiu para seus problemas de saúde? Lembre-se de que, diante de um quadro clínico que você deseja mudar, a primeira coisa a fazer é declarar seu desejo. Diga: "Estou disposto a abrir mão da necessidade que criou esse distúrbio." Repita a frase. Diga-a olhando-se no espelho. Diga-a sempre que pensar na doença. É o primeiro passo para criar a mudança.

O papel da doença em sua vida

A seguir, complete as seguintes afirmativas, da forma mais honesta possível:

1. *A forma pela qual eu me faço doente é...*
2. *Eu fico doente quando tento evitar...*
3. *Quando fico doente, sempre quero...*
4. *Na infância, quando eu adoecia, minha mãe/meu pai sempre...*
5. *Meu maior medo quando adoeço é de que...*

Seu histórico familiar

Depois, reserve um momento para fazer o seguinte:

1. Faça uma lista de todas as doenças de sua mãe.
2. Faça uma lista de todas as doenças de seu pai.
3. Faça uma lista de todas as suas doenças.
4. Você vê uma conexão?

Suas crenças em relação à doença

Vamos examinar com cuidado suas crenças sobre a doença. Responda às seguintes perguntas:

1. O que você lembra sobre as doenças que teve na infância?
2. O que você soube de seus pais sobre a doença?
3. Se na infância alguma coisa lhe agradava sobre o fato de ficar doente, o que era?
4. Alguma crença de infância sobre doenças ainda tem influência sobre você hoje?
5. Como você contribuiu para o estado de sua saúde?
6. Você gostaria que sua saúde mudasse? Em caso afirmativo, de que maneira?

Autoestima e saúde

Agora vamos examinar a questão de autoestima no tocante à sua saúde. Responda às perguntas seguintes. Depois de cada resposta, diga uma ou mais das afirmações positivas que aparecem a seguir, para neutralizar a crença negativa.

1. Você sente que merece ter saúde?
2. De que você mais tem medo em relação à sua saúde?
3. O que você está "recebendo" dessa crença?
4. O que você teme que aconteça se abrir mão dessa crença?

Afirmações

A cada dia eu me sinto melhor.

Sou bonito e poderoso com qualquer idade.

Estou me sentindo maravilhosamente bem. Eu irradio boa saúde.

Meu corpo se cura rapidamente.

Estou repleto de energia e entusiasmo.

Meus pensamentos amorosos mantêm fortalecido meu sistema imunológico.

Estou seguro por dentro e por fora.

Estou saudável, íntegro e cheio de alegria.

Tenho um corpo feliz e ágil.

Estou disposto a abrir mão do padrão em minha consciência que criou esse distúrbio.

Eu valorizo a maravilha que é meu corpo.

Amo a mim mesmo e sou gentil com meu corpo.

Mantenho meu corpo com ótima saúde.

Eu amo a vida. Para mim é seguro viver.

Estou saudável, íntegro e completo.
Volto a mim para dissolver o padrão que criou isso. Eu
agora aceito a cura Divina.
Estou totalmente à vontade em todos os momentos.
Toda mão que me toca num ambiente médico é uma mão
de cura e só expressa amor.
Minha cirurgia é feita com rapidez, facilidade e perfeição.
A cada respiração vou ficando progressivamente mais
saudável.
Agora tenho saúde. Eu liberto o passado.

Tratamento para doenças

Aceito a saúde como o estado natural de meu ser.
Agora liberto conscientemente qualquer padrão
mental dentro de mim que possa, de alguma
forma, se expressar como doença. Eu me amo e me
aprovo. Eu amo e aprovo meu corpo. Eu o alimento
com comidas e bebidas nutritivas. Eu o exercito
de maneiras divertidas. Eu reconheço meu corpo
como uma máquina maravilhosa e magnífica, e
me sinto privilegiado por viver nele. Eu adoro ter
tanta energia. Tudo está bem em meu mundo.

Capítulo dois

Como lidar com lesões e dores

A dor se apresenta sob muitas formas diferentes. Com frequência, tentamos nos esconder dela, na esperança de que vá embora, ou tentamos mascará-la com remédios. Mas a falta de atenção ao corpo só o fará tentar com mais empenho capturar sua atenção – ele está pedindo ajuda.

Para curar os pensamentos e as crenças que são a verdadeira fonte do problema, você precisa encarar a dor com decisão. Uma forma de lidar com ela é mudar a percepção que você tem da situação; basta não se entregar a ela! Por exemplo, em vez de se concentrar no fato de que seu pulso está doendo, tente se referir a ele como um ponto onde está tendo muita sensação. Isso pode ajudá-lo a passar pela experiência desagradável e lhe permitir concentrar-se na cura de sua mente e de seu espírito. Depois disso virá a cura da dor.

Espero que você encontre inspiração nas histórias de recuperação narradas a seguir.

Um corpo quebrado e uma vida refeita
Martez, massoterapeuta e
terapeuta craniossacral, Canadá

Em 1987, quando passei férias na Flórida, envolvi-me num sério acidente em veículo motorizado, e minha vida mudou num instante. A colisão frontal me causou traumatismos em quase todo o corpo: tornozelo direito fraturado, fêmur direito fraturado, quatro fraturas e um ligamento seccionado no joelho direito, duas fraturas na coluna vertebral, costelas quebradas, o esterno quebrado e dois tendões seccionados na mão direita. Também sofri um sério traumatismo da coluna cervical e lesões dos tecidos moles; e, ainda, lacerações e estilhaços de vidro encravados nas mãos, nos braços e nas pernas.

Até então eu tinha sido um rapaz muito ativo e independente, que aos 24 anos de idade trabalhava como designer de moda. Eu conhecia pouco o corpo humano, afora a arte de criar peças para ele. Na maior parte do tempo, eu ia vivendo minha vida inconscientemente, sentindo que não estava em meu verdadeiro caminho. Até que me vi no hospital, me preparando para passar pela primeira de sete cirurgias que seriam realizadas durante os quatro anos seguintes. Pouco antes do acidente eu tinha ganhado alguns livros – um dos quais foi o "livrinho azul" de Louise Hay, *Cure seu corpo*. Enquanto me recuperava dos ferimentos, fiquei me impregnando do conteúdo daquelas páginas, e aprendi que alterar meus pensamentos poderia mudar minha vida. Eu sabia que nesse longo caminho meus pensamentos, fossem positivos ou negativos, iriam ter um impacto na forma como aconteceria a recuperação. Li a respeito do poder das afirmações e comecei a repeti-las ali mesmo no hospital; o tempo todo eu repetia: *Todo dia, de todas as formas, estou ficando cada vez melhor, mais forte e mais saudável.*

Duas semanas depois saí do hospital, com uma perna e um braço inteiramente engessados, e precisei de uma cadeira de rodas. Com o tempo evoluí para muletas e, daí, para uma bengala, mas depois disso suportei anos de consultas com médicos, especialistas e terapeutas... e os prognósticos não eram otimistas.

Minhas afirmativas me ajudaram a lidar com súbitas mudanças ocorridas no corpo, na mente e no espírito – além das que ocorreram em minha vida – e me possibilitaram continuar concentrado no rumo para o qual estava indo. Houve um procedimento específico que me deixou nervoso: foi uma dupla cirurgia, na palma e no dorso da mão. Até o momento de me darem anestesia, fiquei repetindo essa afirmação: *Estou me recuperando com rapidez, facilidade e pouquíssima dor.* E isso foi exatamente o que aconteceu! Embora se tratasse de uma das cirurgias mais complicadas por que passei, senti pouquíssima dor e me recuperei muito depressa.

Continuei a me curar do acidente e hoje estou extremamente bem de saúde. Em decorrência de todas as minhas experiências, resolvi voltar à escola e me tornar um terapeuta registrado em massoterapia e terapia craniossacral. Incorporo afirmações ao meu trabalho e ajudo a instruir meus clientes quanto ao fato de que seus pensamentos influenciam a vida e a saúde deles. Agora já tenho 16 anos de prática.

Muito obrigado, Louise! Sou eternamente grato a você.

A cura começa com o amor-próprio
Anne, profissional de ginástica holística, Nevada

Pelos padrões da maioria, os anos mais recentes de minha vida têm sido um pesadelo médico. Mas eu os vejo como uma trajetória de cura que me levou a descobrir meu objetivo na vida.

Começou em 1992, quando uma gravidez tubária me obrigou a passar por uma cirurgia para remover a trompa de Falópio direita. Dois anos depois, fui submetida a mais uma cirurgia: uma laparoscopia para avaliar se havia me tornado infértil. Infelizmente, o procedimento me causou uma obstrução do intestino delgado, e fui levada às pressas para o pronto-socorro e para minha terceira cirurgia. Sofri uma ressecção intestinal, durante a qual o médico removeu 75 centímetros de meu intestino delgado, cauterizou o intestino e removeu tecido de cicatrização dos ovidutos. Passei três semanas na UTI e quase morri.

Quando finalmente saí do hospital, estava pesando 36 quilos. Meus intestinos não haviam se curado bem, e eu não conseguia digerir os alimentos. Além disso, tinha dolorosas cólicas menstruais e sangramento abundante, diarreia crônica e anemia. Eu estava pele e osso, meus cabelos estavam caindo. Presa na cama, eu me sentia fraca, sozinha, apavorada e deprimida. Isso prosseguiu por dois anos.

Os médicos declararam que eu não tinha mais chances de ter filhos; além disso, já não conseguiam tratar de mim. Fiquei arrasada. Mesmo assim, em meio a tanto sofrimento e confusão, encontrei por acaso o livro de Louise Hay, *Você pode curar sua vida*. Enquanto eu o lia, já não me sentia mais impotente e sozinha. Lia diariamente as afirmações de Louise, e elas me ajudaram a atravessar incontáveis noites de sofrimento. A mensagem dela era inequívoca: *Se você estiver disposta a fazer o trabalho, qualquer coisa pode ser curada – e a cura começa pelo amor-próprio.*

Inspirada nas palavras do livro, aos 32 anos tomei a decisão consciente de assumir a responsabilidade por minha saúde. Comecei um programa de cura alternativa com acupuntura e ervas, frequentei um centro de cura holística, no qual ensinavam ioga, tai chi, Qi gong, meditação, visualização e sessões de cura energética com um mestre de cura. Graças ao pensamento positivo, aos exercícios físicos e a uma dieta específica, meus sintomas desapareceram em apenas dois meses. Também voltei a engravidar. Embora fosse novamente uma gravidez tubária, o fato me demonstrou que meu corpo ficara curado com todo o trabalho que eu havia realizado. Ter conseguido engravidar novamente era um milagre.

Recebi meu certificado de praticante de cura energética e instrutora de ginástica holística em Sedona, Arizona, onde me apaixonei por meu parceiro espiritual, Mitch. Nós nos casamos e depois adotamos uma linda garotinha, Arianna. Ela é um presente dado por Deus.

Eu sempre consulto o guia de Louise Hay, *Cure seu corpo*, e uso suas afirmações diariamente em todas as minhas aulas. Posso testemunhar a verdade dos ensinamentos de Louise: que ao amar a si mesmo e abrir mão das crenças limitantes que manteve no passado você pode se curar de qualquer problema de saúde.

Dançando como uma nova pessoa
Shira, estudante, Israel

Há alguns anos, resolvi seguir meu sonho de estudar dança. O primeiro ano que passei na escola profissional foi maravilhoso para mim – toda manhã eu começava o dia com uma aula de balé e à tarde estava no estúdio, dançando e fortalecendo meu corpo a cada aula.

Antes do segundo ano na escola, comecei a sentir dores na região lombar. Quando a sensação foi se intensificando, procurei um médico. Uma radiografia revelou que eu tinha uma hérnia de disco, o que me chocou muito. Li tudo sobre o assunto na internet e descobri que esse distúrbio não é algo que possa ser curado; quando ele se instala, é para sempre. Pode-se removê-lo com cirurgia, mas é certo que você passará o resto da vida sentindo dor. Para mim, essa notícia foi um terremoto. A constatação de que nunca mais seria capaz de dançar me causou profunda tristeza.

Na época de voltar à escola, tentei participar das aulas, mas não conseguia. Ficava sentada no canto do estúdio pensando, *Por que isso está acontecendo comigo?* Eu estava sendo tratada por um médico especial que me fazia massagens, mas isso não ajudou muito. Eu andava como um fantasma, até que minha amiga Adva me chamou para uma conversa séria. Ela me deu o livro de Louise Hay, *Você pode curar sua vida,* e me fez prometer que o leria.

Tirei uma semana para ficar em casa lendo o livro de Louise e praticando os exercícios. Na primeira vez em que tive que parar diante do espelho e dizer a mim mesma que me amava, não consegui. Sempre que me obrigava a me dizer que estava disposta a abrir mão daquilo que me levara a tal situação, eu chorava. Mas continuei a fazer o que Louise sugeria. Estava consciente de meus pensamentos o tempo todo; comecei a escrever para mim cartas positivas. Trezentas vezes ao dia eu dizia a mim mesma o quanto me amava. Fazia meditação. Tentava perdoar. E devagar, mas firmemente, comecei a sorrir de novo.

Pouco tempo depois de eu ter passado pelo processo em *Você pode curar sua vida,* meu médico resolveu que já era hora de trabalhar comigo de outro jeito. Como num passe de mágica, apenas uma semana depois eu já não sentia dor. Voltei ao estúdio e dancei como uma nova pessoa, pois sabia que tinha curado a mim mesma!

Muito obrigada, Louise!

Minha própria curadora ideal
Dionne, designer de interiores, Califórnia

Descobri Louise Hay em 1994. Li várias vezes de ponta a ponta o livro *Você pode curar sua vida*, pois para mim eram revolucionárias as ideias apresentadas naquelas páginas. Embora eu já tivesse ouvido falar na conexão mente-corpo, me empolgou a ideia de poder mudar meus pensamentos e, assim, mudar minha saúde.

Na época eu estava passando por uma crise extremamente dolorosa de síndrome do túnel do carpo no pulso direito, problema que interferia diariamente na minha vida. Sabendo que para muita gente a cirurgia não dera resultados concretos, vi que não tinha nada a perder com a tentativa de praticar as afirmações de Louise. Eu as repetia centenas de vezes por dia, sempre que tinha um momento de tranquilidade e conseguia me lembrar de praticar. Em uma semana o pulso começou a melhorar. Em duas semanas a dor havia desaparecido e eu conseguia de novo mexer o pulso normalmente. Desde então, nunca mais tive problema.

Serei eternamente grata à Louise por me ajudar a ver que eu sou minha própria curadora ideal, e por iluminar o caminho de uma forma tão amorosa e inspiradora.

O empurrão de que eu precisava
Margaret, terapeuta de ioga e palestrante, Suíça

Pou! Cablum! Ao ouvir esses barulhos, enquanto eu estava ao volante do meu carro um dia, só consegui pensar: *Ai meu Deus! O que foi isso?* Senti meu corpo ser jogado para a frente e para trás diversas vezes, enquanto um carro batia na traseira do meu. Nos dias seguintes senti muitas dores, principalmente no pescoço e nos ombros. Também não conseguia trabalhar, o que me fez perder a promoção que estava prestes a receber. Disse para mim mesma: *Minha vida está arruinada.* Enquanto eu repetia esta frase, a ruína se manifestava em meu corpo e em minha vida. Meu corpo estava gritando comigo, e eu me sentia muito só e desconsolada.

Minha cura e transformação começaram aos poucos. Fui mudando meu modo de pensar *e também* minha vida. Uma forte influência veio da leitura do livro de Louise Hay, *Você pode curar sua vida*, que me ajudou a perceber que o que eu sentia e o que eu pensava dependiam de mim. Frequentei aulas de relaxamento, e embora no começo tivesse dificuldade em relaxar, continuei a frequentá-las, porque sabia que era importante. Então alguma coisa se encaixou e descobri que aquilo era muito divertido.

Fiquei interessada em medicina complementar e alternativa, depois de descobrir pessoalmente os benefícios da abordagem holística. Estudei terapia Amatsu para obter mais informação sobre o que me havia ajudado pessoalmente, e não podia imaginar que aquilo poderia acarretar uma mudança profissional. Também li numerosos livros de autoajuda e frequentei muitos workshops, inclusive o primeiro congresso *I Can Do It!,* em Las Vegas. Meditei e pratiquei muitas afirmações, pronunciando-as em voz alta, cantando-as e escrevendo-as, e o tempo todo (às vezes com muito desespero) tentava ouvir a voz da minha sabedoria interior. Elaborei listas de agradecimentos até tornar quase instintiva a demonstração de apreço. Apesar da minha extrema independência, pedi ajuda para começar meu próprio negócio. O trabalho diante do espelho se mostrou muito eficiente para impulsionar minhas novas iniciativas.

Ao longo dos anos, minha vida foi mudando de rumo de muitas formas. Tornei-me líder de oficinas de desenvolvimento pessoal, terapeuta craniossacral e de Amatsu e professora de ioga. Assumi comigo mesma o compromisso de algum dia honrar e valorizar minha vida, e segui meu coração. Eu continuava a afirmar: *Minha vida está ficando cada vez melhor,* e isso se tornou minha realidade. Também pensava: *Estou mais adaptada, forte e flexível que nunca em minha vida...* e é assim que estou.

Agora vivo na Suíça, na casa dos meus sonhos, acompanhada da pessoa amorosa e apoiadora que compartilha minha vida, cercada de amigos e vizinhos maravilhosos. Trabalho em nível internacional e ajudo as pessoas a assumirem a própria vitalidade para construir o que desejam na vida. Sinto-me verdadeiramente abençoada, de muitas formas. Meu acidente de carro me deu o empurrão de que eu precisava – reconheço que ele foi o presente que me ajudou a encontrar a alegria, o sucesso e a realização.

O poder está dentro de mim!
Iraida, aposentada, Venezuela

No final de janeiro de 2004, minha filha, Zoimar, me levou a uma aula sobre saúde. Quando entrei, uma das instrutoras me perguntou por que eu estava ali. Disse-lhe que gostaria de me livrar das dores de cabeça e ela me respondeu: "Nós podemos fazer isso." Havia muitos livros recomendados pelos instrutores, e um deles era *Você pode curar sua vida*, de Louise Hay.

Uma amiga me emprestou o exemplar dela, e quando comecei a ler eu não quis mais parar. Mesmo sem ser uma leitora voraz, terminei o livro em cinco dias. Comecei a dizer afirmações o tempo todo e adorava a sensação que elas me traziam. Em meu aniversário daquele ano minha filha me deu um exemplar de *Você pode curar sua vida*, juntamente com *Cure seu corpo*. Fiquei muito feliz.

Ainda mais interessada em Louise, comprei as obras *O poder está dentro de você*, *Life! Reflections on Your Journey* [Vida! Reflexões em sua jornada], e *Empowering Women* [Mulheres independentes]. Comecei a notar mudanças em minha vida. Por exemplo, eu costumava depender de analgésicos para a dor de cabeça, agora, nem mesmo os compro. Em vez disso, gosto de afirmar: *Eu me aprovo* e *O poder está dentro de mim*.

Agradeço a Deus por me dar a oportunidade de aprender todas essas coisas maravilhosas. E agradeço à Louise por seu conhecimento. Eu a admiro muito e espero que ela continue a partilhar, com todos, seus pensamentos positivos. Que Deus a abençoe.

O gracioso fluir de todas as coisas
Saari, consultora, Trinidad e Tobago

Em junho de 2000, eu estava na casa de uma amiga e vi sobre a mesa um livro de cores alegres. Era *Você pode curar sua vida*, de Louise Hay. Eu nunca ouvira falar sobre ela, mas gostei da aparência do livro, que pedi emprestado. Eu o li aleatoriamente e fiquei especialmente fascinada pela "lista" que explicitava o vínculo existente entre um problema de saúde e sua provável causa, e depois sugeria a adoção de um "novo padrão de pensamento". Mais adiante, no mesmo ano, a lista se tornaria para mim uma verdadeira tábua de salvação.

Em dezembro passei por uma cirurgia "simples e rotineira" para remoção de um cisto no ovário esquerdo. Oito horas depois acordei da anestesia sentindo dores horríveis. Passei uma semana inteira com o estômago inchado, até perceber que alguma coisa estava extremamente errada. Comecei a vomitar com tanta violência que feri a mucosa do esôfago; ela começou a sangrar, e eu sentia uma dor terrível no lado esquerdo.

A viagem inicial ao pronto-socorro mostrou que eu estava com pielonefrite (infecção renal).

Depois de semanas de dor e estresse, o diagnóstico final indicou que o laser usado para remoção do cisto tinha "perdido o alvo" e atingido meus órgãos internos. Houve perfuração da bexiga e lesão em um dos rins. A urina saia na direção errada e passava através da vagina e dos intestinos, e um dos ureteres foi seccionando quase por completo – o que significava que a urina também foi vazando, para dentro do corpo, criando as condições para a septicemia.

As semanas seguintes foram um turbilhão de bolsas de urina, cãibras nas pernas, espasmos, demerol, morfina, codeína, intestinos confusos, pielogramas intravenosos, tomografias, *stents* e cirurgias investigativas e corretivas. A possibilidade de precisar de uma histerectomia ou de passar a vida com uma bolsa de colostomia me deprimiu, e depois me aprofundou a depressão, e, daí, me levou ao fundo do poço. Tive sonhos estranhos com a minha falecida mãe, meus guias e até com o arcanjo Rafael. As lágrimas e as preces eram meus únicos confortos, enquanto eu vivia um nanossegundo de cada vez.

Felizmente, no meio de tudo, a energia e o tempo pareceram ficar congelados ao meu redor e eu pude ver o universo em completa ação, ou o "gracioso fluir" de tudo. Entendi que todos os que iriam desempenhar um papel importante em minha cura já estavam antes em minha vida ou então tinham acabado de entrar, incluindo minha família e meus amigos, que me davam força e apoio; as enfermeiras compreensivas e as amáveis auxiliares de enfermagem; e os médicos que realmente fizeram diferença e entenderam que eram os veículos de alguma coisa, ou alguém, maior que eles próprios, na criação de um milagre.

Foi depois do período mais sombrio que me lembrei da "lista" e voltei ao livro de Louise. Vi a conexão entre minha crise de saúde e meus pensamentos, e entendi que podia optar por me curar... e foi o que eu fiz. Optei por rejuvenescer meu corpo e devolvê-lo ao seu funcionamento normal. Escolhi sorrir e rir. Escolhi viver uma existência livre de bolsas e de *stents*. Escolhi receber a lição e crescer. Escolhi perdoar, totalmente. Agora, tantos anos depois, sinto-me verdadeiramente sadia e feliz!

Eu escolho viver
com alegria e seguir em frente
Bethany, escritora, Flórida

No verão de 2006 eu estava arrasada. Meu coração doía porque eu estava vivendo em completo isolamento e presa a uma relação de abuso físico e emocional. Meu corpo e minha alma estavam se desintegrando – a fibromialgia tinha se tornado tão grave que eu quase não conseguia andar. De cama na maior parte do tempo, eu passava os dias tentando descobrir o que estava errado.

Quando meu agressor estava em casa, eu pensava no quanto desejaria conseguir fazê-lo parar, mas não sabia como. Tinha medo de que fosse tarde demais, e isso me aterrorizava. Uma noite entendi que tinha alcançado o ponto mais baixo e sabia que precisava escolher entre viver ou morrer. Decidi viver.

No dia seguinte, por um ato divino, recebi a bênção de ter em minhas mãos um volume de *Você pode curar sua vida*, de Louise Hay. Comecei a ler e uma centelha se acendeu em meu coração. Lendo sobre afirmações, eu me empolguei para começar a curar minha vida. Comecei imediatamente a dizer as afirmações. Fiquei viciada! Eu passava o dia repetindo afirmações, inclusive: *Eu me amo, meu corpo está sarando, eu perdoo a mim e aos outros* e *confio na vida.*

Aos poucos fui conseguindo deter o abuso e deixar de lado aquele homem; soube que era hora de seguir adiante e criar alguma coisa bonita em minha vida. Eu tinha grandes sonhos, e recebi a oferta de um trabalho na Califórnia – os únicos obstáculos eram os meus joelhos. Embora meu corpo estivesse mais forte, as articulações dos joelhos ainda não estavam curadas, e caminhar era difícil, quando não impossível.

Senti-me atraída a pegar de novo o livro de Louise, que imediatamente folheei em busca das páginas referentes aos joelhos. Li que os problemas de joelhos representam inflexibilidade. Percebi que era resistente à mudança porque tinha medo de seguir em frente. *Não é de admirar*, pensei, *já que cada passo dado parece ter me levado a um lugar onde eu não queria estar.* Naquele dia eu afirmei repetidas vezes: *Sou flexível e fluente.* No dia seguinte acordei, pus o andador na calçada e fiz uma lenta corrida. Chame-se a isso Deus ou coincidência, eu chamo um verdadeiro *milagre*. Meus joelhos estavam curados!

Na semana seguinte, me mudei para a Califórnia. Pela primeira vez na vida minha alma estava livre, e não tardou que todos os meus sonhos começassem a se realizar. Agora sou uma escritora. A chama dentro de mim que julguei ter morrido para sempre brilha agora com toda a intensidade (e eu ainda faço as afirmações todos os dias!).

Louise, você sempre será meu maior exemplo de conduta, e eu sou realmente grata pelo impacto que sua obra causou em minha vida.

Eu sou meu próprio milagre!
Grainne, professora, Nova Zelândia

Quando eu estava viajando pelo mundo conheci um homem com quem realmente me identifiquei. Resolvemos ficar juntos enquanto fosse divertido – nosso plano era não ter planos! Tivemos grandes aventuras e nos casamos. Depois de estabelecidos na Nova Zelândia, tivemos uma linda filhinha (que agora tem 7 anos). Tudo estava bem, mas eu sentia falta dos amigos e da família, que estavam a milhares de quilômetros de distância. Entretanto, eu visitava a casa dos meus pais quando podia.

Durante uma dessas visitas, minha mãe pediu que eu voltasse ao país para morar com ela e cuidar dela na velhice. Depois de discutir a questão com meu marido, concordamos em ir. No entanto, meu irmão discordava completamente e me disse sem rodeios que eu não era bem-vinda. Enquanto ele me dizia desaforos, eu chorava feito criança, perguntando como ele podia falar daquele jeito comigo. Sem conseguir entender aquela raiva, fiquei arrasada.

Quando voltei à Nova Zelândia, meu marido, minha filha e eu nos mudamos para uma outra casa. Imediatamente, comecei a me sentir extremamente cansada, mas atribuí o cansaço à mudança. Eu ainda estava ferida com as palavras do meu irmão, e também com o fato de ninguém da família ter feito contato comigo desde então. Eu ainda estava muito perturbada, e para piorar as coisas comecei a ter dores cada vez mais fortes nas articulações. Descobri que estava com artrite reumatoide, uma doença degenerativa. Meu corpo estava se destruindo... e eu acredito mesmo que aquelas palavras cruéis estavam me matando.

Fiquei imobilizada a ponto de precisar de ajuda até para trocar de roupa, e o médico acabou receitando "supermedicamentos" para diminuir a dor. Eu, que antes não tomava nem mesmo uma aspirina, agora era dependente de drogas. Meu corpo havia me traído. Decepcionada comigo, eu me sentia desvalida e estressada.

Um dia eu li *Você pode curar sua vida*, livro que realmente bateu fundo em mim. Percebi que havia uma conexão entre o que eu pensava e o que acontecia. Comecei o processo de cura pelo perdão a meu irmão. Também abri mão da mágoa e da raiva e redirecionei minha atenção para *mim*. Em vez de olhar para tudo que já não podia mais fazer, listei tudo o que eu *podia* fazer. Comecei um diário de gratidão. Mudei meu vocabulário e me tornei consciente das palavras que usava. Comuniquei a meu corpo que era natural ele ficar bem.

Fui, aos poucos, entrando em contato com meu ser interior. Redirecionei minha atenção aos trilhões de células do meu corpo, que ficavam constantemente se renovando. Meu corpo sabia o que fazer. Logo eu tinha me livrado da dor – e acabei também me livrando dos remédios. Já não via meu quadro de saúde como uma doença crônica, e estava mais feliz.

Agora estou em remissão, cheia de vida. Acredito em minha capacidade de permitir que coisas ótimas aconteçam, e agora sou meu próprio pequeno milagre!

A arte de viver
Becky, professora, Israel

Eu sou como sou – que maravilha! Meu coração cantava esta mensagem no lindo Carmel Forest Spa Resort, ao norte de Israel, onde eu estava liderando o seminário de treinamento de professores "Love Yourself, Heal Your Life".

Nasci no Chile, filha de carinhosos pais holandeses; a família de minha mãe tinha morrido no Holocausto. Na infância, eu adorava escutar a história de como meu pai se apaixonou por minha mãe ao ver o retrato dela. Minha alma escolheu esse ambiente amoroso de começo de vida e eu estava cheia de alegria e autoestima. Eu era atriz, dançarina, musicista e pintora. Lembro a empolgação que senti a primeira vez em que me apaixonei: dançava no terraço de casa e me sentia linda.

Aos 11 anos contraí o que os médicos acharam que fosse poliomielite ou meningite. Lembro que meu pai me carregou no colo para o andar de baixo e me sentou numa espregui-çadeira, onde fiquei esperando pelos amigos, que nunca chegaram. Pelo visto, estavam com medo de minha doença ser contagiosa. Apaguei da consciência o processo de aprender de novo a caminhar. (Será mesmo? Muitas vezes eu me sinto como se fosse cair, mas não caio...) Recordo que me sentia aterrorizada a cada novo ponto de partida, fosse na escola, no trabalho ou nos relacionamentos.

Quando fiz 16 anos meus pais se mudaram para Israel. Em comparação com nossa vida vibrante no Chile, achei quase impossível me adaptar à cultura do país, à língua hebraica de pronúncia difícil, e às entediantes escolas religiosas. Percebendo um mundo de medos, dificuldades e críticas, aprendi a sufocar minha criatividade. Para onde foi aquela garotinha alegre?

Aprendi a dar ao mundo o que achava que ele queria, e criei uma dor profunda, onde cresceram minhas inseguranças. Quando cheguei aos 30 anos, era uma mulher e mãe neurótica e infeliz, com raiva do universo. Depois do nascimento da minha filha mais nova, meu corpo vivenciou um terremoto. Minha perna direita começou a encurtar, eu sofria de dor nas costas e meu estômago se revoltou contra todos os remédios que eu estava tomando. Eu era jovem e paralítica de novo – depois de todos aqueles anos, as células ainda se lembravam da dor da minha doença da infância.

Mas quando o discípulo está pronto, o mestre aparece. Ansiosa por uma mudança, comecei a confiar em Deus e em mim, e passei a investigar várias modalidades de cura. Viajei de Tel Aviv a San Diego para participar do curso de treinamento "Você pode curar sua vida", de Louise Hay.

Voltei mudada. Como eu podia decidir o que pensar, cada vez que minha mente começava a mergulhar em divagações eu me dizia, *Não fique pensando nisso*. Renunciei a me afundar no sentimento de culpa ao escolher minhas respostas à vida. Bem no fundo eu sabia que era capaz de fazê-lo. Depois de duas semanas, minha vida havia se transformado tanto que resolvi ensinar pessoalmente o método Louise Hay em Israel. Deixei o negócio de família e me dediquei ao amor.

Meu corpo começou a mudar lentamente. Enquanto eu me aplicava à tarefa de me amar, a dor foi diminuindo. Hoje em dia estou livre dos remédios. As imagens de tropeçar e cair diminuíram. Eu ando ereta e sem mancar. A vida é maravilhosa, apesar dos desafios, pois minha perspectiva mudou completamente. Minha missão hoje é difundir essas ferramentas maravilhosas de cura pelo mundo. Quanto poder nós temos para curar nossas lindas almas!

Perdão e cura
Patricia Ann, acompanhante, Idaho

Dez anos atrás eu estava no hospital. Tinha cálculos nos dois rins, um dos quais à beira da falência. Eu estava muito doente. Os médicos tentaram três tipos diferentes de cirurgias para forçar a saída dos cálculos, mas havia duas grandes pedras que não se mexiam. Àquela altura uma boa amiga me trouxe o livro *Você pode curar sua vida*, de Louise Hay. No começo. resisti à leitura, mas estava tão doente que não tinha nada melhor a fazer. Peguei o livro e comecei a ler, devagar. No processo, essa bela mulher me abriu os olhos para acontecimentos do passado, principalmente da infância, aos quais eu estava me agarrando. Entendi que era hora de perdoar minha mãe por ter me abandonado criança e recitei repetidamente afirmações referentes a isso. Depois eu a perdoei *mesmo*, e disse isso a ela.

Pouco tempo depois, um de meus médicos me perguntou se eu havia expelido as duas pedras maiores, e eu lhe disse que não me lembrava de ter conseguido fazer isso. Ele afirmou que era impossível elas terem desaparecido, e que eu, com certeza, teria sentido a descida delas. Ele não conseguia acreditar no que via, mas, agora, eu estava bem.

Sei que minhas afirmações e o perdão foram os elementos que me ajudaram a expelir os cálculos renais. Desde então venho me esforçando para mudar e me desapegar. Agradeço à Louise e à amiga que me trouxe o livro dela. Depois achei outros autores como Louise, que me abriram os olhos para meu significado espiritual, e hoje em dia eu me sinto ótima!

Minha dor "voltou para o nada"
Gail, empresária, Canadá

Louise L. Hay influenciou minha vida de muitas formas sutis. Eu a descobri há mais de uma década e depois fui levada a outros autores de sua editora, a Hay House, e todos eles me inspiraram muito. Anos atrás, eu realmente precisava daquela inspiração. Aos 40 anos, eu estava atravessando um divórcio, depois de ter me desgastado com um marido crítico, que de tanto me submeter à violência verbal conseguiu acabar completamente com minha autoestima. Atacada de artrite, eu mal conseguia andar, e tinha dor no corpo todo. Ele resolveu me abandonar porque eu era "doente e preguiçosa".

Tínhamos três filhos pequenos e uma empresa (para piorar as coisas, ele me abandonou por causa de uma moça de 22 anos que eu havia contratado para nos ajudar no verão). Eu me sentia como se tivesse chegado ao fundo do poço e meu mundo estivesse se desintegrando.

Eu usava cinco remédios para artrite e aos poucos comecei, de fato, a ter um pouco de alívio. Os livros e CDs de Louise foram um enorme conforto durante essa fase, e me ajudaram a retomar o controle. Decidi descobrir exatamente por que tudo aquilo me acontecera, e encontrar uma saída. Logo entendi que meu casamento estava me levando a dizer a mim mesma *Não consigo mais aguentar essa situação*. Como alerta Louise, tenha cuidado com o que você diz! Meu corpo acabou me obedecendo e a artrite começou pelos pés. Mas depois que eu comecei a aplicar os ensinamentos dela, foi como se abrisse as comportas da cura.

Não demorou para eu me sentir muito melhor, a ponto de perguntar ao médico se ele poderia reduzir a medicação. Ele disse que não. Então, fui ao meu primeiro workshop '*I Can Do it!*' (de lá para cá já compareci a outros quatro), em Las Vegas em 2005. Levei uma boa amiga e tive ótimos momentos. No voo de volta para casa, recordei as palavras de Louise: "Isso saiu do nada, logo, mande-o de volta ao nada." E foi para lá que mandei minha artrite – de volta ao nada. Eu já não precisava dela. Alguns meses fui reduzindo toda a medicação e disse a meu médico: "Obrigada pela ajuda, adeus." Agora, quando sinto dor, não tenho medo; só me pergunto qual é o acontecimento de minha vida com que preciso lidar. Confio no que meu corpo me dirá, e ele sempre diz.

Agora, minha vida é ótima. Sou uma divorciada feliz; o homem que me tratava tão mal transformou-se no melhor ex-marido que eu poderia querer. Ainda trabalhamos juntos todos os dias, e juntos estamos criando nossos filhos, sem conflito. Agora estou comprometida com um novo amor (é maravilhoso ver como a vida me trata melhor agora que aprendi a tratar melhor *a mim* mesma, graças à Louise). E o melhor é que já levei minha filha Marissa para ver Louise duas vezes. Ela gosta de Louise e da Hay House tanto quanto eu.

Louise, muito obrigada por todo o seu amor e por sua ajuda, e por ter reunido tantos autores maravilhosos para benefício do mundo.

Força, saúde e amor incondicional
Tanya, professora, Reino Unido

Embora na infância eu dançasse regularmente, sempre tive problemas nos joelhos. Meu sonho, quando garotinha, era dançar no palco, mas me disseram que meus joelhos nunca me deixariam fazer isso. A razão alegada: "É um problema genético."

Continuei a dançar, até os 18 anos, quando meu joelho direito falhou e eu não conseguia andar. Levada ao hospital, recebi muletas, que deveria usar por três ou quatro meses, apesar de estar indo para a universidade. Fiz fisioterapia por quatro meses e acabei conseguindo andar de novo sem as muletas.

Três anos depois, quando estava numa loja de cristais, senti uma dor nas costas. O dono da loja me fez uma aplicação com cristais, mas também me recomendou consultar o livro *Você pode curar sua vida*, de Louise Hay. Comprei o livro na hora e fui procurar todas as doenças relevantes de que tinha sofrido na vida, e eram bastate numerosas (na infância eu ficava doente com frequência). As palavras contidas no livro encontraram em mim completa ressonância: percebi que tinha sido criada com amor condicional e que todos ao meu redor tinham sido extremamente críticos de si mesmos e dos demais. Agora, comecei o processo de aprender a me amar, que foi extremamente difícil. Eu usava afirmações diariamente (e ainda uso), sendo a mais comum delas: *Eu me amo e me aceito totalmente*. Essa poderosa afirmativa serviu para me lembrar que, independentemente do que digam ou façam os demais, eu sempre me amo.

O processo de cura foi muito mais demorado que o previsto – mas começar com pequenos passos, tais como dizer afirmações, foi muito eficaz. Eu tinha passado muito tempo sem me sentir amada ou aceita e sempre ficava buscando as opiniões e a aprovação dos outros. Aprender a me amar incondicionalmente mudou minha vida.

Até hoje ainda sinto dor no joelho, de vez em quando, mas agora consigo me ligar nas emoções e dizer minhas afirmativas, e a dor desaparece. Frequentemente, depois de um conflito ou situação difícil, meu ego assume o comando e diz que não tenho merecimento, mas eu apenas envio energia amorosa ao coração e aos joelhos e lembro a mim mesma que, sim, *Eu tenho merecimento*. Recentemente, até corri uma meia maratona, a distância mais longa que consegui correr em minha vida. Fiquei muito orgulhosa! Há alguns anos eu jamais teria imaginado que conseguiria correr tanto. Muitos me perguntaram se meus joelhos estavam doendo, mas não estavam. Sim, fiquei sentindo a musculatura, mas não senti dor. Tive muita satisfação por me sentir tão forte e saudável.

Quando Louise diz que "você pode curar seu corpo" e que "você pode curar sua vida", ela está falando sério. Tenho uma nova vida e um corpo feliz e saudável. Eu me sinto outra! Nem sei como agradecer à Louise por ter me ensinado sobre o poder do amor.

Um presente maravilhoso
Gladys, atriz e orientadora de motivação e desenvolvimento pessoal, Nova York

Numa manhã de sábado, há dez meses, acordei chorando. A menor tentativa de girar a cabeça fazia a dor subir como um foguete pelo pescoço até a cabeça, reverberando na garganta. Entre o choro e a dor extrema no pescoço levei mais de dez minutos para sair da cama, intervalo que me pareceu ainda mais longo. Dei um jeito de chegar ao consultório do meu quiroprático, que diagnosticou um pinçamento de nervo.

No domingo, como a dor não tinha cedido nem um pouco, pensei que se eu lesse ou assistisse alguma coisa inspiradora poderia ajudar na minha cura. Ainda não havia desembrulhado meu exemplar novo em folha de *Você pode curar sua vida, o filme;* agora, eu o abri e me sentei para assistir. Quando o filme acabou, meu computador continha diversas anotações – eu vibrava de desejo de afirmar meu bem-estar e permitir que a dor cedesse. Naquela noite, porém, a dor foi tão forte que eu chorei muito. Fiz uma breve oração pedindo cura e alívio, e não imaginava que minha prece seria atendida tão depressa.

Na manhã seguinte, acordei com a compreensão clara de que essa dor passageira me oferecia oportunidade de aprender a ser feliz, apesar do que estava acontecendo em minha vida. Ou seja, era uma experiência espiritual, e eu precisava analisá-la para descobrir seu valor.

Naquele dia, eu não tinha nenhuma condição de trabalhar e, por isso, resolvi passá-lo de forma construtiva e proativa, promovendo minha cura, começando com a recapitulação de *Você pode curar sua vida* e o trabalho com o CD de Louise, *What I Believe and Deep Relaxation* [No que eu acredito e relaxamento profundo]. Recitei afirmativas, rezei, meditei e fiz anotações no diário... embora todas essas práticas terminassem quase sempre em cochilos (lembrem-se de que eu não conseguia manter a cabeça erguida). Eu estava num estado profundo de conhecimento e de crença em meu bem-estar e minha própria bondade.

Naquela noite, ao me deitar, tive certeza de que minha cura não só havia começado, mas que estava a todo vapor. Adormeci ouvindo a voz de Louise do CD *Deep Relaxation* [Relaxamento profundo], segura de que meu poder estava no momento presente e de que tudo estava bem. Na manhã seguinte acordei sabendo que havia melhorado. De fato, uma intensa cura tinha ocorrido – o pescoço não estava tão rígido! Sorri deitada na cama, capaz de girar a cabeça alguns centímetros para a direita e outros para a esquerda. Sabia que ao deixar Louise me guiar eu havia conseguido ativar meu próprio e magnífico potencial de cura.

Acordar com o pescoço rígido e dolorido se revelou um presente maravilhoso. Embora sem parecer uma coisa que eu gostaria de receber, o episódio me deu o tremendo potencial de cura das palavras de Louise e me permitiu crescimento de muitas outras formas inimagináveis!

Como fazer o trabalho com Louise

Não me considero uma terapeuta. Eu não curo as pessoas – só lhes ensino a terem amor a si mesmas. São elas próprias que estão fazendo o verdadeiro trabalho de cura. Mas isso não quer dizer que sejam obrigadas a fazer a tarefa inteira sozinhas!

Não é fraqueza pedir ajuda aos amigos, aos parentes, ou aos profissionais da área médica. Lembre-se de que o caminho da cura precisa começar de dentro para fora. Se você não aceitar a saúde em sua mente, não a aceitará em seu ser físico. Os exercícios a seguir ajudarão você a examinar suas crenças sobre a dor e o próprio corpo. Escreva as respostas numa folha ou em seu diário.

Seus sentimentos em relação ao corpo

Responda da melhor forma possível às perguntas seguintes:

1. O que você aprendeu sobre seu corpo na infância?
2. O que seus pais lhe ensinaram sobre o corpo humano?
3. Se você pudesse mudar alguma coisa em seu corpo, o que seria?

Suas crenças em relação à dor

Agora, responda as perguntas seguintes da forma mais aberta e honesta possível:

1. Quais são os pensamentos mais negativos que você tem sobre seu corpo e a dor que sente?
2. De onde vêm esses pensamentos?
3. Você está disposto a abrir mão deles?

Trabalho com o espelho

Olhe-se no espelho e diga: *"Estou disposto a amar meu corpo."* Diga a frase várias vezes, alterando o sentido e a ênfase a cada vez. Concorda com essa afirmação? Por que sim ou por que não?

Olhe-se no espelho e diga: *"Eu me liberto da necessidade de uma coisa que não me nutre nem me sustenta."* Preste atenção à sensação que tem no corpo ao dizer isso.

Como se soltar

Agora, inale profundamente. Quando exalar, deixe a tensão sair do corpo. Deixe o couro cabeludo, a testa e o rosto relaxarem. A cabeça não precisa ficar tensa para você poder ler. Deixe a língua, a garganta e os ombros relaxarem. Você pode segurar um livro com os braços e as mãos relaxadas. Faça isso, agora. Deixe as costas, o abdômen e a pélvis relaxarem. Deixe sua respiração se tranquilizar enquanto você relaxa as mãos e os pés.

Você consegue sentir uma mudança notável no corpo desde que começou a ler o parágrafo anterior? Nessa postura relaxada e confortável diga a si mesmo: *"Estou disposto a soltar. Estou largando. Estou soltando. Estou libertando toda a dor. Estou libertando toda a tensão. Estou libertando todo o desconforto. Estou libertando todo o medo. Estou libertando toda a raiva. Estou libertando toda a culpa. Estou libertando toda a tristeza. Estou largando as antigas limitações. Estou largando e estou em paz. Estou em paz comigo. Estou em paz com o processo da vida. Estou em segurança."*

Pratique esse exercício duas ou três vezes. Repita-o sempre que surgirem pensamentos de dor. Em breve a prática fará parte de você. Não importa o que esteja acontecendo em sua vida, você conseguirá alcançar esse estado de paz.

O poder das afirmações

As afirmações podem ser ferramentas potentes na neutralização das crenças que dão sustentação à dor. Pode-se intensificar o poder de uma afirmação ao escrevê-la. Em outra folha ou em seu diário, escreva 25 vezes uma afirmação positiva sobre seu corpo. Crie sua própria afirmação ou use uma das listadas a seguir.

Afirmações

Eu crio paz em minha mente, e meu corpo reflete isso.

Estou pleno de vida, energia e alegria de viver.

Meu corpo está perfeitamente sadio, e eu desfruto dele a cada momento.

Eu reivindico meu próprio poder e amorosamente crio minha própria realidade. Confio nos processo da vida.

Eu cuido amorosamente de meu corpo, minha mente e minhas emoções.

Eu assumo responsabilidade por minha própria vida. Sou livre.

Eu amo meu corpo. Amo a mim mesmo. Tudo está bem.

Eu processo com facilidade todas as novas experiências e as incorporo alegremente à minha vida.

Para mim é seguro ser quem eu sou.

Eu vejo meus padrões, e escolho fazer mudanças.

Estou disposto a ultrapassar meus próprios limites.

Eu, agora, escolho criar um corpo que seja forte e íntegro. Estou à vontade.

Eu me liberto facilmente daquilo de que já não preciso. Eu mereço me sentir bem.

Eu me curo com rapidez, conforto e perfeição.

Meu corpo quer ficar bem. Eu escuto as mensagens dele e o trato com carinho.

Eu crio somente experiências prazerosas em meu mundo amoroso.

Eu liberto a necessidade de criticar meu corpo.

Estou disposto a criar novos pensamentos a meu respeito e de minha vida.

A cada dia vou ficando gradualmente mais forte.

Eu me amo e me valorizo. Sou afável e gentil comigo mesmo.

Tratamento para dores e lesões

Reconheço meu corpo como um bom amigo. Cada célula do meu corpo tem Inteligência Divina. Ouço o que ele me diz e sei que seu conselho é válido. Estou sempre em segurança, divinamente protegido e guiado. Escolho ser saudável e livre. Tudo está bem em meu mundo.

Capítulo três

Como superar
a dependência

Drogas e álcool não são os únicos elementos em que alguém pode se viciar. Os jogos de azar, o consumismo, os alimentos e até as relações podem ser o foco de uma dependência. Com frequência, buscamos essas outras fontes como validação porque não sentimos amor ou aprovação por nós mesmos. Às vezes, culpamos outra pessoa ou situação por nos fazer do jeito que somos. Mas nenhum ato do passado pode ser tão poderoso quanto o que escolhermos fazer no momento presente.

Quando você realmente deseja mudança, pode fazê-la acontecer. Naturalmente, não precisa fazer tudo sozinho. A ajuda pode vir de amigos, parentes, profissionais de saúde mental e grupos de apoio.

Espero que você seja inspirado e mobilizado pela força das pessoas nas histórias a seguir.

Dançando no jogo da vida
Claire, joalheira e instrutora
motivacional, Nova Zelândia

Eu tinha acabado de comemorar meu aniversário quando acordei quase sem roupa e com hematomas pelo corpo todo. Os sintomas de abstinência estavam mais intensos do que nunca, as alucinações me apavoravam e eu estava tão paranoica que não conseguia sair de casa.

Tinha começado a beber aos 14 anos. Como eu era muito tímida e retraída, a bebida era a medicação perfeita para escapar do mundo. Dez anos haviam se passado e agora eu estava no desespero total. Dois dias depois de eu ter completado 24 anos, meu namorado tentou me estrangular – quando minha colega de quarto entrou em casa e me salvou, saí dali para nunca mais voltar. Sem casa, sem emprego, com uma longa história de abuso sexual e dependência de drogas, eu tinha ido parar no fundo do poço. Fiquei tão aterrorizada que o suicídio parecia uma boa opção, mas eu simplesmente não conseguia fazê-lo.

Eu tinha apenas uma sacola de roupas e um livro chamado *Você pode curar sua vida*. Quando comecei a ler, abriu-se um mundo inteiramente novo. Alguma coisa no livro encontrou eco em minha alma – ele me dava a sensação de ser verdadeiro. Embora tivesse passado uma década sob a influência das drogas e do álcool, sem os quais eu sentia ódio por mim –, imediatamente me internei numa clínica de reabilitação para tratar da dependência.

De tão insegura, eu não conseguia nem atravessar a rua sem ficar com o corpo todo tremendo. Comecei a fazer afirmações de forma muito obsessiva, escrevendo-as para dizê-las enquanto me olhava no espelho. Depois, comecei a dizê-las diante de terceiros, na clínica. Acharam que eu estava maluca, mas eu tinha certeza de que aquilo era o que eu precisava fazer.

Em poucos meses observei em mim uma mudança enorme. Também vi grande mudança na forma como os outros me tratavam, pela qual, segundo aprendi, eu era responsável. Comecei a ver até que ponto o meu diálogo interno estava criando minha realidade. Consequentemente, aprendi a olhar meu passado, a assumir responsabilidade e mudar minhas percepções, encontrando uma dádiva no que eu tinha julgado um tormento. O livro de Louise Hay foi o pote de ouro no fim do arco-íris.

Continuo a crescer e a evoluir. Ainda recito afirmações, além de fazer meditação. Agora escuto minha alma, e tem sido maravilhoso constatar que portas se abriram para mim. Passei da condição de ser humano deprimido, desajustado, sem casa, sem emprego, para a de uma alma divina, inspirada, poderosa, livre, tendo uma experiência humana e dançando no jogo da vida. E minha intenção agora é trabalhar com dependentes químicos usando as ferramentas que aprendi, e eu me sinto muito privilegiada pela capacidade de ajudar outros a encontrar dentro de si sua própria luz Divina.

Como parei de fumar
Teresa, artista plástica e escritora, Oregon

Durante 30 anos fui uma fumante moderada. Entretanto, depois de meu divórcio, aos 50 anos, transformei-me numa fumante compulsiva, consumindo um maço por dia. Eu estava viciada. Não conseguia parar, nem tinha certeza de querer fazê-lo – mas eu *tinha* que parar, por motivo de saúde.

Comprei um remédio receitado e muito caro que deveria reduzir minha carência de nicotina. A vantagem era poder fumar durante o intervalo de mais ou menos um mês, tempo que o remédio levaria para fazer efeito. Duas semanas depois de começar a medicação eu estava fumando feito louca, e imaginando quanto tempo levaria para largar o cigarro. E ainda não sentia o menor desejo de parar.

Na ocasião, o livro de Louise, *Você pode curar sua vida*, estava ao meu lado, e me lembrei que ele trazia uma "seção de fumantes", portanto, fui direto consultá-la. Louise tinha escrito:

> *Você talvez faça a si mesmo uma série de perguntas como: "Eu estou disposto a abrir mão das relações incômodas? Meus cigarros estavam criando uma cortina de fumaça para eu não ver o quanto essas relações eram inconvenientes? Por que eu estou criando essas relações?"*

Essas perguntas caíram sobre mim como um rochedo. Pensei em minha amizade com uma mulher que era muito dogmática, negativa e altamente crítica; então, pensei em meu casamento, no qual tudo foi considerado minha culpa. Louise prosseguia:

> *Então, você percebe que a razão de se sentir tão pouco à vontade é que os outros sempre parecem criticá-lo. [...] Aí você pensa sobre crítica e constata que foi muito criticado na infância. Aquela sua criancinha interior só se sente "em casa" quando está sendo criticada. O jeito de se esconder disso foi criar uma "cortina de fumaça".*

Voltei rapidamente à minha infância, principalmente a meus pais, que estampavam seu "selo de desaprovação" em quase tudo aquilo que meus irmãos e eu dizíamos ou fazíamos. Para eles, nunca havia algo que estivesse bastante satisfatório.

Tive uma súbita revelação! Apagando meu cigarro que estava pela metade, agarrei o resto do maço e solenemente esmaguei cada cigarro restante até formar uma pilha, e anunciei: "Estou disposta a largar a necessidade de ser criticada."

Parei de fumar naquele mesmo dia, e nunca mais tomei nenhum comprimido prescrito. Parar foi fácil, portanto, eu estava pronta a começar a facilitar as coisas para mim. Desde então continuei a minha viagem de cura, e tenho encontrado novas relações que me dão apoio em minha verdade. Antes, quando eu acreditava que não tinha mérito suficiente, atraía muita gente pronta a apoiar essa crença. O hábito de fumar me oferecia o escudo que me impedia de enxergar a verdade.

Agora tenho cuidado com o jeito como falo comigo e com os outros. Aprendi que se eu criticar os outros, estarei só criticando a mim mesma. Gosto demais de mim para ficar praticando aquele comportamento de autodepreciação. Isso agora não funciona mais!

Minha segunda chance
Irene, estudante, Austrália

Quando ganhei de presente o livro *Você pode curar sua vida* foi como se alguém me houvesse enviado um anjo em um momento de aflição. Como até então ninguém nunca tivesse se preocupado comigo o suficiente para me dar alguma coisa especial, eu aceitei agradecida o livro. No começo, tive dificuldade para lê-lo, já que eu não entendia por que motivo iria receber uma segunda chance... Eu não acreditava que a merecesse. Demorei algum tempo, mas li o livro inteiro. Quando terminei, senti repulsa pela vida que estava levando e soube que precisava daquela segunda chance. Entendi que tinha muito a oferecer ao mundo e que, se eu conseguisse fazer minha transformação interna, qualquer um conseguiria.

Eu tinha sido criada numa família que me ensinou valores e princípios morais, mas em algum momento perdi o rumo. Comecei a experimentar drogas ainda muito jovem – e em pouco tempo estava viciada e cercada de gente que continuava a apoiar minha dependência, em vez de me ajudar a combatê-la. Terminei entrando numa relação muito abusiva com um homem que tinha o dobro da minha idade, mas eu achava que estava apaixonada. Eu achava que conseguia lidar com o sofrimento emocional e físico que ele estava jogando em cima de mim porque aquele era o jeito que ele encontrava de mostrar que me queria.

Um dia, ele se envolveu em muitos problemas financeiros e me incentivou a ajudá-lo. Na época, eu teria feito qualquer coisa por ele, e fiz: quando fui dar conta, já estava prostituindo meu corpo durante 12 horas por noite, cinco dias por semana, e entregando a ele milhares de dólares de uma vez. Porém, o dinheiro nunca bastava e o abuso piorou.

Depois de meses da mesma rotina como profissional do sexo, entendi que o homem que eu amava não correspondia ao meu amor. Comecei a conversar com outras prostitutas e descobri que havia entre elas uma rede de apoio. Eu não podia falar com minha mãe porque sentia vergonha e já havia ferido demais os sentimentos dela; então, eu conversava com as garotas do trabalho. Foi lá que encontrei um anjo que me deu o livro de Louise, e no qual encontrei minha inspiração. Depois de um tempo reuni forças para deixar aquele homem e largar as drogas.

Agora estou na universidade, estudando psicologia e morando de novo com minha família. Continuo sóbria e sou muito feliz na maior parte do tempo. Sempre que tenho um surto de depressão, digo a mim mesma que "tudo está bem em meu mundo", e me cerco da energia positiva que Louise me ensinou a encontrar. Minha vida mudou drasticamente, e agradeço por isso todos os dias. Aguardo ansiosamente terminar a graduação nos próximos anos e sei que nada poderá me impedir de realizar todos os meus objetivos e desejos!

Eu me amo e me aprovo
Bryan, orientador de motivação e desenvolvimento pessoal, Califórnia

Eu me amo e me aprovo. A primeira vez que ouvi estas palavras, pensei: *De que você está falando?* Elas não faziam sentido; de fato, pareciam indecifráveis para esse rapaz de 20 e tantos anos, soropositivo, abstinente de álcool, que odiava a si mesmo e culpava o mundo inteiro por seus problemas. Pois é, eu usava meu "V de vítima" como se fosse uma condecoração. A raiva e a frustração que eu sentia permeavam quase tudo o que eu tentasse fazer e excluíam qualquer benefício sustentável. Seria um eufemismo dizer que eu estava irritado, inquieto e descontente. Eu estava era profundamente infeliz, cheio de ressentimento e sem esperança. Mas o fundamental era que eu queria mudar. Só não tinha ideia de como.

A primeira vez em que ouvi falar de Louise Hay foi em 1988, quando recebi o diagnóstico de soropositivo. Disseram-me que ela havia organizado em West Hollywood, numa noite de quarta-feira, um "Hayride", que era um grupo de apoio para homens e mulheres cujas vidas tinham sido afetadas pelo vírus da Aids. Decidi comparecer, e o que vi mudou minha vida.

Lembro-me de que o que Louise estava fazendo na época não era oferecido pelos meios de comunicação, que espalhavam o medo sobre a doença; nem pela medicina ocidental, que quase sempre dizia ao paciente que a doença era uma sentença de morte. E, na época, foi assim para muita gente. Mas Louise estava presente na linha de combate, oferecendo esperança.

O que testemunhei e senti em minha primeira Hayride com cerca de 500 homens e mulheres é difícil descrever. Mas posso dizer que a sensação era estranhamente familiar à minha alma. Fiquei profundamente comovido pelas palavras de Louise: "Nós não vamos nos reunir para fazer o jogo do 'ai que horror.'" Com seu jeito amável, carinhoso, pragmático, ela compartilhou uma mensagem muito simples: "Ninguém virá salvar você, mas você pode se salvar." Tive uma sensação de segurança, confiança e amor nesse poderoso grupo que Louise havia criado.

Posso localizar nesses eventos o começo da minha mudança de consciência. A verdade é que eu agradeço a Deus pelo dia em que fui apresentado à Louise. Seus livros, suas palestras e ensinamentos iluminados realmente alteraram e moldaram os últimos 20 e tantos anos da minha vida. Hoje em dia ainda sou um ávido seguidor de Louise e de sua obra. As dádivas que ela entregou ao mundo com seu império editorial, Hay House, e os fantásticos escritores e mestres que ela compartilhou com todos nós são de valor inestimável.

Sou um homem feliz, forte, saudável e bem-sucedido. Tenho quase 20 anos de sobriedade pela graça de Deus e dos 12 passos. Optei por viver os ensinamentos de Louise e aplicá-los a todas as áreas de minha vida, principalmente pela prática de afirmações diárias. E tudo começou com um simples mantra que ouvi há muitos anos: *Eu me amo e me aprovo.*

Que Deus a abençoe, Louise Hay.

Meu futuro é brilhante
Helene, assistente administrativa, Canadá

No começo da minha viagem de cura Louise Hay me deu uma tábua de salvação. Eu tinha sofrido muitas perdas, inclusive casa, marido e dinheiro – sem falar no falecimento de amigos que sofriam de câncer e as mortes de meus pais e de uma irmã. Experiências de abuso no passado levaram-me a acreditar que essa era a vida que eu merecia. Acabei mergulhando no desespero total, perdida nas garras do alcoolismo e do uso de drogas. Porém, como mãe solteira, sabia que não podia continuar vivendo daquele jeito. Tenho duas filhas lindas – meus anjos! – que dependem de mim; portanto, eu precisava ser para elas um bom modelo de conduta.

Eu me recuperei com a ajuda dos maravilhosos livros, leituras recomendadas e afirmações diárias de Louise. Eu, agora, vivo segundo as palavras dela, e isso transformou minha vida! Estou morando numa nova cidade, começando de novo, no verdadeiro sentido da expressão. Não aconteceu da noite para o dia (foi uma viagem de seis anos), mas aqui estou, *hoje!* Tenho um emprego em uma empresa fantástica, e trabalho com colegas maravilhosos e muito positivos. Estou cuidando do meu corpo como o templo que ele é e verdadeiramente *vivendo* a vida com os olhos escancarados para toda a beleza que existe. Não passa um dia sem que eu agradeça pelas lições que Louise me ensinou. Eu incentivo todo mundo a se animar: a vida é aquilo que você faz dela – portanto, não se desespere! Mesmo as experiências ruins podem ser mudadas em contribuições positivas para seu "ser".

Meu futuro é promissor, e eu atribuo isso a você, Louise! Meu maior desejo é algum dia ir a uma de suas sessões e poder lhe agradecer pessoalmente por tudo o que trouxe à minha vida. Você é uma bênção!

Sim, eu *posso* curar minha vida!
Abigail, orientadora pessoal de autoestima, Kentucky

No dia 25 de dezembro de 2002, minha mãe me deu um exemplar do livro *Você pode curar sua vida*. Dentro, ela havia escrito: "Espero que você goste da abordagem de Louise à saúde. Ela é uma de minhas favoritas!" Naquela época, eu era consumidora ativa de álcool e também estava viciada em drogas; tinha problemas de peso e de sexualidade, por ter sido vítima de estupro; e meu corpo estava a ponto de ser retalhado e refeito por cirurgia plástica, nos moldes que a sociedade preferia.

Ser vítima tinha se tornado cômodo. Interpretar o papel de impecável líder pública enquanto secretamente me sentia isolada e solitária tinha se tornado normal para mim. Eu precisava das palavras de Louise, mas naquela altura da vida não conseguia ouvir nem sentir, e também não gostava de ler. Felizmente "a lista" contida em seu livro *Você pode curar sua vida* abordava brevemente as doenças comuns. Por ser tão simples e fornecer soluções eficazes para melhorar o estado mental da pessoa, a lista me convenceu. Ou quase.

Depois de ler o livro, elaborei listas sobre amar meu corpo, acreditar que eu estava íntegra, falar comigo diante do espelho e todo esse blá-blá-blá. Sem nunca ter praticado minhas afirmações, acabei voltando aos antigos padrões. Eu era o médico e o monstro, uma líder deprimida, dotada de beleza e insegurança pessoal. A vida continuava a ser dolorosamente confortável.

Um dia acordei na prisão, com o rosto e os joelhos cobertos de hematomas e de sangue, por conta de minha tentativa da noite anterior de agredir policiais. Ao me deterem, eles me encostaram em um carro, o que lembrou a ocasião em que fui estuprada, anos antes. Não me lembro dos detalhes físicos, mas os sentimentos eram nítidos. Soube que eu tinha sido truculenta quando os policiais tiraram meus diamantes e pérolas e me puseram num cômodo todo branco para "gente maluca". Eu acordei e entendi que aquilo era real. A pessoa que encarava no espelho embaçado não era aquela que eu queria me tornar.

Quando cheguei em casa, retomei o livro *Você pode curar sua vida*. Eu ficava repetindo a frase "Eu? *Eu* posso curar minha vida?" Estava muito apavorada, mas pela primeira vez acreditava que, sim, eu podia. Deus precisava que eu fosse uma voz para outras pessoas, o que significava que já não podia recorrer a soluções temporárias. Eu ia me curar em termos físicos, mentais, espirituais e emocionais. Aceitei os novos padrões de pensamento que havia no livro e confiei em algumas das palavras de Louise.

Durante anos eu tinha orientado outras pessoas, mas ser responsável por mim mesma era totalmente diferente. Louise, por ser fiel ao seu propósito, ajudou-me a viver com um objetivo. As afirmações dela (juntamente com as intenções de Wayne Dyer) me proporcionaram um novo começo.

Desde 2005, tenho viajado para aprender, mas fiquei onde estou para poder ensinar. Hoje em dia estou sóbria, espiritualizada, tenho sucesso e coragem. Sou orientadora de desenvolvimento pessoal para moças que cursam o ensino médio e o superior; com as afirmações de Louise, minhas experiências, e o poder do Universo, nós melhoramos vidas.

A luz no fim de um túnel longo e sombrio
Mary Ellen, reflexologista e facilitadora de grupo em desenvolvimento pessoal, Irlanda

Em meados dos anos 1980, vivenciei um desses episódios de "dar um balanço geral" que parece acontecer para nos desapegarmos, deixando-nos mais receptivos à anulação do ego e ao despertar espiritual. Perdi o emprego e a casa, meu parceiro fugiu com uma pessoa mais bonita e bem-sucedida e eu fiquei alienada de minha mãe moribunda. Em reação a tudo isso, perdi minha conexão com o Espírito – e comigo mesma.

Adquiri o hábito de beber, tornei-me muito promíscua, abandonei uma vida profissional para a qual tinha sido treinada durante quatro anos, vivia de expedientes e parecia ter perdido minha bússola moral. Comportamentos que teriam sido inaceitáveis para mim durante os 30 anos anteriores da minha vida, agora, se tornado norma. Até certo ponto, tentei jogar fora minha vida – e a mim mesma.

Um belo dia acordei no futon da casa de uma amiga caridosa. Naquela altura, o nível de desespero era quase avassalador; eu tinha a sensação de não ter nada. Decidi dar um passeio e ir a uma espécie de livraria escondida numa região nobre. Era um desses locais sagrados nos quais tudo tem um leve toque espiritual. Olhei a loja inteira e comprei o livro *Você pode curar sua vida*. Em seguida, comecei a estudá-lo cuidadosamente, fazendo os exercícios propostos e criando com Louise uma ligação que era meu único vínculo com algo positivo.

Foi um processo longo e lento, que durou um período, por vezes árduo, de 20 anos. Mas hoje tenho uma bela casa, num lugar tranquilo, um marido carinhoso, uma carreira da qual posso me orgulhar e um fluxo positivo constante que entra em minha vida. Estou em contato com o Espírito, e a cada dia me aproximo mais de tudo o que é sagrado. Seria impossível expressar à Louise meus agradecimentos. Agora, por intermédio do trabalho, venho partilhando a obra dela com centenas de pessoas, e continuo a passar adiante sua sabedoria. Provavelmente, sempre o farei. E, decididamente, sempre irei amá-la e sentir gratidão ilimitada.

Salvação
James, escritor, Canadá

Minha introdução à Louise Hay aconteceu no verão de 1995, quando um colega de trabalho começou a "vibrar" de tanta empolgação com o livro *Você pode curar sua vida*. Alguma coisa me falou naquele momento e eu saí na mesma hora para comprar um exemplar. Estava procurando alguma coisa, mas não tinha certeza o que era. Talvez fosse a salvação.

Naquela tarde decisiva de verão uma mudança teve início quando abri meu exemplar do livro de Louise. Como eu sabia que o livro tinha "poder", em vez de mergulhar diretamente preferi guardá-lo e ficar "de barato". Naquela época, eu abusava seriamente das drogas. Estava assustado, solitário e com pouca autoestima; as drogas me ofereciam uma fuga temporária da realidade. Em meus estados induzidos por drogas eu me tornava uma pessoa que não tinha medo de nada, e conseguia brilhar como um farol na presença dos outros. A felicidade me preenchia por inteiro... até que o efeito da droga cessasse e eu voltasse a ficar deprimido. Eu me achava indigno de ser amado e tentava preencher o vazio do meu coração indo para a cama com muitos homens.

Depois de passar três dias acordado (estava tão drogado que não conseguia pegar no sono) tirei da estante o exemplar de *Você pode curar sua vida*. Li o livro de ponta a ponta. Depois tornei a ler, e li mais uma vez. Naquela altura caí num sono pacífico que durou 36 horas. Ao acordar, olhei em torno. Tudo naquele recinto parecia um pouco mais brilhante e mais colorido. Ao meu lado na cama estava o livro de Louise. Tornei a apanhá-lo e comecei a absorver de fato o conteúdo. Repeti as afirmações em voz alta para mim mesmo, depois fui correndo ao banheiro dizê-las diante do espelho, olhando para o meu rosto – um rosto que pela primeira vez na vida não me inspirava repulsa.

Tudo mudou para mim naquele dia, a começar pela decisão de parar de me violentar com drogas. Não foi fácil, mas aos poucos a luz começou a entrar em minha alma. Continuei a mergulhar no livro de Louise e a praticar afirmações diariamente. Ao longo dos meses fui me tornando saudável e forte e comecei a desfrutar a arte de viver. Por fim, comecei a gostar de mim.

Depois de todos esses anos, o medo passou – e a empolgação tomou o lugar dele. Estou vivendo minha vida em amor, presença e alegria. Eu agora me amo e me destaco em tudo o que experimento fazer. Estou levando uma vida surpreendente, maravilhosa e gratificante... Vida pela qual eu agradeço todo santo dia.

Louise, você é um presente do Universo. Seus livros e ensinamentos emanam de dentro de sua linda alma. Sinto-me honrado e cheio de humildade por dividir o espaço com você neste mundo. Ao viver em sua verdade, e também projetar diariamente sua energia no mundo, você salva vidas – inclusive a minha. Muito obrigado.

Superando o alcoolismo, a culpa e a vergonha
Kathy Lynn, estudante, Tennessee

Esta é a história de uma moça que, até onde sua memória alcança, se vestia de culpa e de vergonha. Toda manhã ao levantar ela examinava no espelho seus defeitos e deficiências, e passava o resto do dia exercendo uma severa autocrítica.

Aos 25 eu descobri as bebidas alcoólicas. Aos 35 descobri os Alcoólicos Anônimos (AA). Quando dei à luz meu único filho, um lindo garotinho, eu tinha conseguido viver sóbria por mais de dois anos. Paradoxalmente, senti necessidade de beber alguns meses depois, durante o período mais gratificante e bonito da minha vida. Desesperada, lancei-me com redobrado fervor em minha fé cristã e nas reuniões dos AA. Comecei uma busca feroz e frenética – o que iria me curar? Só posso dizer que tentei com o máximo empenho. Tentei curas, declarações e orações; tentei assistir a reuniões dos AA em quantidade suficiente, conseguir o padrinho certo, repetir os passos muitas vezes. O que estava errado em minhas ações?

Depois de três detenções por dirigir embriagada e cinco passagens por centros de reabilitação, eu ainda não conseguia parar de beber! Finalmente, cheguei à conclusão de que a única forma de parar de beber era... parar de beber! Eu estava agindo como louca: fazendo muitas vezes a mesma coisa na expectativa de colher um resultado diferente. Comecei a reavaliar minhas crenças, já que, obviamente, não estavam trabalhando a meu favor.

Já sóbria, mas ainda acometida de imenso sentimento de culpa e vergonha, fui levada pelo Universo, numa livraria da Igreja da Unidade, ao livro de Louise Hay, *Você pode curar sua vida*. E algo maravilhoso aconteceu. Sob a orientação de Louise, comecei a curar minha vida! Tornei-me extremamente consciente de meus pensamentos. O processo de desintoxicação começou enquanto eu descobria o poder das afirmações. Enquanto aplicava à minha vida os ensinamentos de Louise, fui sentindo como se cada célula de meu corpo estivesse sendo depurada. As afirmações se tornaram minha principal estratégia de defesa para atacar as mentiras inexoráveis em que eu acreditava sobre minha vida e meu ser.

Meu noivo, que me apresentou à Igreja da Unidade, nunca se cansa de ouvir "Louise isso e Louise aquilo". Ele sabe que um milagre aconteceu – houve uma cura. Eu agora entendo que tudo que atravessei não aconteceu *contra* mim, mas a meu *favor*. Atualmente, estou trabalhando para terminar um mestrado em orientação psicológica, e tenho uma visão que transcende minha ambição pessoal. Sei que o Universo tem mais coisas planejadas para mim do que eu poderia imaginar. Estou aguardando ansiosa a oportunidade de compartilhar o poder transformador da filosofia de Louise com os que estão sofrendo, e com todo aquele que o Criador do Universo puser em meu caminho.

Louise, eu a considero uma das mais queridas mentoras, e agradeço muito pelo fato de tê-la encontrado. Quero seguir seus passos e difundir a mensagem de que a falta de autoestima é a raiz de todo sofrimento; e que o amor-próprio, por intermédio do autoperdão e da autoaceitação, é a base de todas as curas.

Graças a Deus... e a Louise!
Joanne, leitora intuitiva de mapa angelical e mestra em Reiki, Canadá

Não me recordo exatamente como encontrei o livro *Você pode curar sua vida*, de Louise Hay. Mas o fato é que o encontrei, e ele chegou à minha vida num momento de extrema necessidade. Eu havia lutado contra o alcoolismo por muitos anos, e até consegui me abster de álcool por bastante tempo. Mas em 2003 esse quadro mudou – comecei a ser de novo envolvida pelo vício.

Acabei me cansando de ficar doente todo fim de semana. Com três filhos para criar, mesmo tendo conseguido manter meu emprego, eu ainda sofria. Estava padecendo a perda de parentes que eram muito próximos e sofrendo por causa do abuso sexual de que tinha sido vítima na infância. Descobri que tinha muitos problemas a resolver, e para resolvê-los precisava ficar sóbria.

Um dia estava me olhando no espelho do banheiro e me perguntei: "Como vou fazer isso?" Acreditem se quiserem – ouvi uma voz masculina dizer: "Fique sóbria!" Acho que foi a voz de Deus. Não foi essa a primeira vez em que ouvi isso: na verdade, foi a terceira, e ela sempre surgia quando alguma coisa estava realmente alterada em minha vida. Bom, entrei nos eixos. Depois disso, tornei a sair dos trilhos, uma vez ou outra, mas continuei voltando ao rumo certo.

Foi então que o livro *Você pode curar sua vida* veio parar em minhas mãos, e eu levei a sério as palavras de Louise. Graças às suas afirmativas, comecei a mudar meu modo de pensar, e trabalhei para preencher minha alma com as coisas de que ela necessitava. Quando comecei a lidar com meus traumas pessoais e fiquei realmente sóbria, passei por um despertar espiritual. Ainda precisando descobrir quem eu era, fui levada pelos livros de Louise para o portal dela e para outros autores da Hay House que me inspiraram a descobrir a mim mesma e a viver minha paixão.

Hoje em dia eu já não trabalho apenas para ganhar dinheiro; como praticante da Terapia dos Anjos e de mestra em Reiki, eu trabalho porque esse é meu objetivo Divino.

Muito obrigada, Louise, por inspirar minha vida, mesmo sem nos conhecermos pessoalmente. Eu agradeço a Deus por você.

A força de reeducar e amar minha criança interior
Paul, massoterapeuta, Maryland

No começo de minha vida adulta, muitas vezes, eu passava por situações de impotência e negação, enquanto repetia comportamentos destrutivos e padrões de desajuste que haviam se originado em experiências com meus pais e professores. Com o tempo, estudar o livro de Louise Hay, *Você pode curar sua vida*, e ouvir muitas das fitas gravadas por ela me ajudou a desenvolver a compreensão e o conhecimento do ato de perdoar tanto a mim quanto aos outros.

Aos 30 e tantos anos – quando comecei a ler e estudar as obras de Louise –, entendi que todos, inclusive eu mesmo, tínhamos agido da melhor forma possível com o que sabíamos na ocasião. Portanto, aos poucos, mas com muita segurança, comecei a assumir responsabilidade pessoal ("o ponto do poder é agora") por minha saúde física e a recobrar a sanidade mental, ao me livrar do ressentimento e da culpa. E durante o tratamento continuado de diversas dependências de que eu sofria também assumi um compromisso consciente e a prática de amar a mim e à minha criança interior. Sempre que me apanhava numa espiral de pensamento negativo, o que era muito frequente, eu começava a repetir muitas das afirmações de Louise. Essa foi uma forma de me reeducar em muitos níveis, recebendo mensagens e pensamentos que eu gostaria de ter recebido durante minha infância e adolescência.

Sim, finalmente parei de beber e de me comportar mal. Mas que benefício teria tudo isso – e quanto iria durar – sem eu nunca ter aprendido de fato a amar, confiar e cuidar de mim mesmo e de minha criança interior?

Graças à Louise, acabei adquirindo muita sabedoria e numerosas ferramentas para construir meu novo alicerce de amor e autoestima. A partir desse lugar de mais força e mais saúde eu pude começar a afirmar, com sucesso ainda maior, minha condição de homem de valor, digno e capaz de atrair abundância, amor, criatividade, prosperidade e realização para meu mundo. E assim é!

Sou uma mulher sóbria, saudável e feliz
Denise, orientadora de dependentes
químicos, Nova York

Tenho 50 anos e sou descendente de italianos, nascida numa família de classe média alta de Marine Park, no Brooklyn. No final da década de 1980, fiquei viciada em crack. Eu era casada e tinha duas filhas pequenas, mas acabei perdendo por seis meses o direito de vê-las. Durante o período passei por três clínicas de reabilitação, mas não conseguia manter a abstinência. Estava no momento mais sombrio de minha vida e sofria horrivelmente.

Em fevereiro de 1989, descobri as obras de Louise Hay e comecei a praticar a afirmação: *Sou uma mulher sóbria, saudável e feliz, que ajuda a muitos outros que sofrem de dependência.* Além disso, comecei a dizer a mim mesma: *Deus está sempre comigo.* De repente, comecei a passar dias inteiros sóbria. Os dias viraram semanas e as semanas meses.

Em 1990, consegui trabalho como orientadora de dependentes químicos. Hoje em dia coordeno um programa para mulheres num centro de reabilitação de alcoolismo e abuso de drogas, em regime de internação, programa em que uso as obras de Louise para inspirar as mulheres a afirmarem a própria cura. Minhas duas filhas e eu reconstruímos nossa relação e acabo de receber da mais velha um cartão: "Conheço uma mulher cheia de força e beleza/ eu a observei durante anos/ ela é Mãe." Estou trabalhando em um livro sobre minha vida e não poderia ter feito nada disso sem as palavras de sabedoria de Louise. Ela é uma genuína curadora.

Agora tenho tudo o que quero!
Marilyn, empresária, Canadá

Certo dia de manhã, eu acordei com a cabeça pesadíssima, como feita de cimento, por causa do excesso de bebida alcoólica e cocaína. Olhei meu namorado, que recentemente me quebrara os dentes inferiores com um soco e pensei: *Eu odeio minha vida!*

Na semana anterior uma pessoa amiga tinha me presenteado com o livro de Louise Hay, *Você pode curar sua vida*, e aquilo foi o começo. Elaborei uma lista de todas as coisas que queria:

1. Uma relação amorosa e honesta.
2. Um negócio bem-sucedido.
3. Uma casa no campo.
4. Ficar livre das drogas e do alcoolismo.

Listei os desejos nessa ordem, fiz afirmações nessa ordem e tudo veio a mim nessa ordem. Já se passaram 11 anos e hoje a vida é fantástica. Há dez anos estou vivendo com um homem honesto, divertido, carinhoso, amoroso. Temos uma importadora muito bem-sucedida e viajamos ao exterior nos meses de inverno. Vivemos numa velha casa de campo junto a um lago, numa cidadezinha do Canadá. Em 2010, vou comemorar meu sexto ano de sobriedade.

Você pode curar sua vida tem sido minha bíblia. O livro me libertou da dor e me deu coragem para mudar minha vida. Aprendi que o ponto de poder é agora. Devo minha vida à Louise, e sou eternamente grata.

A luz de Louise
Laurence, planejador de eventos, Califórnia

Louise Hay mudou minha vida. Em 1985, quando eu estava na casa dos 20 anos, minha vida era um caos: tinha perdido os meus pais com pouca idade, usava drogas e não tinha rumo nem fundamentação espiritual – era um jovem revoltado e sem nenhum objetivo na vida. Uma colega de trabalho me convidou para o que ela descreveu como um maravilhoso "círculo de cura" de pacientes aidéticos, liderado por uma mulher chamada Louise Hay, no Plummer Park, em West Hollywood. Eu não era portador do vírus, nem naquele tempo nem depois dele, mas fiquei curioso em relação ao trabalho sensacional de que tinha ouvido falar, e também sobre os milagres que estavam ocorrendo.

Passei muitas horas naqueles círculos, ouvindo as histórias dos homens valentes que lutavam contra essa doença terrível (e, na época, bastante incompreendida e apavorante). E fiquei hipnotizado pela singela mensagem de Louise sobre o indivíduo se amar e sobre nossos pensamentos criarem nossa realidade. Comecei a enxergar a Aids num sentido mais amplo – poderíamos eliminar essa doença com o passar do tempo, e essa tarefa poderia acabar motivando mais compaixão e aceitação no mundo.

Também comecei a aplicar aqueles princípios à minha própria vida, e em pouco tempo tinha parado de me drogar. Mudei-me para São Francisco, voltei à universidade, comecei uma firma de cerimonial que durou 14 anos, encontrei o amor com um maravilhoso parceiro para a vida inteira e sobrevivi miraculosamente a uma pavorosa queda em meus negócios, depois dos acontecimentos do 11 de setembro. Fechei a firma, mas tudo deu certo no retorno à minha cidade natal, Los Angeles, com uma bela casa à beira-mar, um excelente emprego, um parceiro carinhoso de 17 anos de relacionamento e o melhor cachorro do mundo.

Eu venho de um lar desfeito, com pais alcoólatras, e sofria violências constantes. Tinha problemas terríveis de autoestima por causa de meus pais, que apesar de bem-intencionados eram perturbados e me encheram de mensagens e monólogos negativos. Minha vida poderia ter tomado um rumo totalmente distinto, mas agora eu me encontro saudável e feliz aos 50 anos, ainda amando Louise e dizendo minhas afirmações diárias, e aguardando ansioso todas as delícias que a minha próxima metade de vida irá trazer.

Consegui prover a mim e aos outros, de um modo que não poderia ter imaginado anos atrás, quando eu era aquele jovem revoltado. Louise mudou minha vida ao ser uma luz que ajudou a mostrar o caminho. Eu mudei minha própria vida ao aprender que o Universo é realmente simples e fácil, se a pessoa aprender a se desapegar e a manter uma atitude de gratidão todos os dias.

Como fazer o trabalho com Louise

Nenhum livro, e menos ainda um simples capítulo, poderá ocupar plenamente o lugar da terapia e dos 12 passos na cura das dependências químicas. No entanto, a mudança começa de dentro. Os melhores programas não conseguirão ajudá-lo se você não estiver pronto para se livrar do vício.

É hora de criar uma nova visão de futuro e abrir mão de qualquer crença ou pensamento que não lhe sirva de amparo. Você pode começar esse processo de mudança de perspectiva praticando os exercícios a seguir.

Escreva suas respostas numa folha ou em seu diário.

Largue seus vícios

Respire fundo algumas vezes, feche os olhos e pense na pessoa, no lugar ou na coisa em que você está viciado. Pense na loucura que está por trás da dependência. Na tentativa de consertar o que considera errado em seu interior, você está agarrando uma coisa que está em seu exterior. O ponto do poder está no momento presente, e você pode começar a fazer uma mudança hoje.

Esteja disposto a abrir mão da necessidade. Diga: *"Estou disposto a libertar a necessidade de _____ em minha vida. Eu a liberto agora e confio no processo da vida para satisfazer minhas necessidades."*

Repita isso toda manhã em suas meditações ou preces diárias.

Seu vício secreto

Faça uma lista de dez segredos que você nunca tenha revelado em relação à sua dependência. Se você tem compulsão por comida, talvez tenha comido alguma coisa recolhida na lata de lixo. Se for alcoólatra, talvez tenha mantido bebidas no carro para poder consumir enquanto dirige. Se tiver compulsão pelo jogo, talvez tenha colocado a família em risco para pegar um empréstimo e alimentar seu problema. Seja totalmente honesto e aberto.

Para se livrar do passado

Agora vamos trabalhar para largar o apego emocional a seu vício. Deixe as lembranças serem apenas lembranças. Quando abrimos mão do passado, ficamos livres para usar todo o nosso poder mental para desfrutar esse momento e criar um futuro promissor. Não temos que continuar nos punindo pelo passado.

1. Liste todas as coisas que você está disposto a largar.
2. Até que ponto está disposto a isso? Observe suas reações e anote-as.
3. O que você precisa fazer para abrir mão dessas coisas? Até que ponto está disposto a fazê-lo?

O papel da autoaprovação

Já que a autoaversão desempenha um papel tão importante no comportamento de dependência, faremos agora um de meus exercícios favoritos. Revelei esse exercício a milhares de pessoas e os resultados são fenomenais.

Durante o próximo mês, cada vez em que pensar em sua dependência, repita muitas vezes para si mesmo: *"Eu me aprovo."*

Faça isso de 300 a 400 vezes por dia. Não, isso não é exagero. Quando você está preocupado com alguma coisa, fica analisando o problema no mínimo esse número de vezes por dia. Deixe a frase *Eu me aprovo* se transformar numa espécie de mantra de seu estado de vigília, algo que você repita muito para si mesmo, quase sem intervalo.

Dizer essa afirmação é garantia de trazer à tona tudo que se oponha a ela em sua consciência. Quando aflorar à sua mente um pensamento negativo, algo do tipo *Como posso me aprovar? Acabei de comer dois pedaços de bolo!* ou *Eu nunca terei valor*, ou qualquer outra bobagem negativa, é *esse* o momento de assumir o controle mental. Não dê a mínima importância a esse pensamento. Limite-se a vê-lo como aquilo que de fato é – mais uma forma de mantê-lo preso ao passado. Diga amavelmente a esse pensamento: *Obrigado pela informação. Eu lhe permito ir embora. Eu me aprovo.*

Lembre-se de que os pensamentos de resistência só terão poder se você escolher acreditar neles.

Como eliminar as dependências

As dependências anulam as emoções para reprimir a sensibilidade. Quando não queremos lidar com o que temos diante de nós, ou não queremos estar onde estamos, temos um padrão que nos mantém fora de contato com nossa vida. Pode ser uma dependência alimentar, uma dependência química ou uma dependência emocional. Talvez uma dependência de acumular dívidas ou de adoecer.

Se você vai ficar dependente de alguma coisa, por que não ficar dependente do amor a si mesmo? Também pode ficar dependente de fazer algo que lhe traga amparo, como repetir afirmações. Fique à vontade para criar suas próprias afirmações ou use as da lista a seguir.

Afirmações

Eu liberto o padrão em mim que criou isso. Estou em paz. Sou merecedor.

Para mim é seguro assumir a responsabilidade pela minha vida. Eu escolho ser livre.

Eu liberto meu estresse com a respiração profunda.

Amorosamente eu recobro meu poder. Liberto essa ideia velha e deixo-a ir embora.

Eu me concedo o direito de mudar.

Nenhuma pessoa, lugar ou objeto tem qualquer poder sobre mim. Sou livre.

Eu crio uma vida nova, com regras novas que me dão apoio total.

O passado acabou. Eu escolho me amar e me aprovar no presente.

Todas as experiências são perfeitas para meu processo de crescimento. Estou em paz onde estou.

Minha mente está limpa e livre. Eu deixo o passado e entro no novo. Tudo está bem.

Solto com facilidade e desenvoltura aquilo de que já não preciso na vida.

Estou fazendo o melhor que posso. Sou maravilhoso. Estou em paz.

Solto com facilidade e sem restrições o que é velho, e recebo o novo com alegria.

Estou disposto a mudar e a crescer. Agora eu crio um futuro novo e seguro.

Eu me recuso a me limitar. Estou sempre disposto a dar o próximo passo.

Escolho lidar com minhas experiências com amor, alegria e facilidade.

Supero limitações do passado e entro na liberdade do presente.

Eu me amo e me valorizo. Para mim é seguro gostar de mim. Agora escolho dar apoio a mim mesmo com carinho e alegria. Todo e qualquer desejo pelos cigarros [ou pelo álcool ou pelo objeto de sua dependência] *foi embora e eu estou livre.*

Tratamento para dependências

Eu exijo valor próprio e autoestima para mim. Eu me amo e me valorizo em todos os níveis. Eu não sou meus pais, nem qualquer padrão viciante que eles possam ter tido. Não importa o que o meu passado tenha sido, o agora é o momento em que escolho eliminar todo pensamento negativo e amar e aprovar a mim mesmo. Eu sou meu próprio eu original e me alegro em ser quem sou. Sou digno de aceitação e amor, e Divinamente inspirado. Essa é a verdade do meu ser, e eu a aceito como tal. Tudo está bem em meu mundo.

Segunda parte

A vida cotidiana

Capítulo quatro

Como atrair
a prosperidade

O que determina a prosperidade de alguém não é o tamanho de sua conta bancária, é seu estado mental. O que você acha que "merece" da parte do Universo? Você acredita que as oportunidades não vêm porque você não tem as qualidades necessárias? Acreditar na escassez é o único fator capaz de limitá-lo. Quando você mudar o foco mental para a valorização daquilo que possui e afirmar que <u>merece</u> a prosperidade, será surpreendido pela generosidade que a vida tem a oferecer.

As histórias seguintes demonstram a abundância infinita do Universo.

A casa de nossos sonhos
Jacqui, diretora de publicidade, Califórnia

Era janeiro de 2004, e o setor imobiliário estava aquecido em San Diego. Durante três meses meu marido Cameron e eu tínhamos procurado em vão a casa perfeita. Tudo o que víamos parecia pequeno demais, caro demais, mal localizado, trabalhoso demais... alguma coisa sempre parecia imperfeita. Portanto, eu resolvi prender na tela do meu computador uma das afirmações de Louise:

Tenho a moradia perfeita. Eu me vejo morando nesse lugar maravilhoso. Ele atende a todas as minhas necessidades e os meus desejos. Tem uma localização magnífica e um preço que posso pagar.

Dois meses depois meu marido e eu encontramos nossa casa perfeita! Tinha tudo o que estávamos procurando – e com o preço certo! Encaminhamos nossa proposta, mas no último minuto o vendedor retirou o imóvel do mercado. Ficamos arrasados, pois queríamos demais aquela casa. Meu corretor, a meu pedido, contatou o vendedor para que não deixasse de nos avisar caso resolvesse vendê-la de novo.

Como eu estava decidida a ter aquela casa, continuei a dizer minhas afirmações – e até passava de carro diante dela na hora do almoço e me imaginava morando ali. Também imaginava a sensação que teria ao passear com meus filhos pequenos no carrinho, pelas ruas do bairro. Na verdade eu conseguia ver minha família vivendo ali, rindo e conversando com os vizinhos. Repetia, fervorosa, as afirmações de Louise.

Cameron e eu continuamos a procurar um imóvel e continuamos a perguntar ao nosso agente se o vendedor da primeira casa queria vendê-la, mas a resposta era sempre negativa.

Acabamos encontrando outro lugar que se aproximou dos nossos critérios, mas não ficamos tão animados quanto tínhamos ficado em relação ao primeiro. Quando fomos fazer uma oferta pela segunda casa, e antes de continuarmos a transação, pedi ao corretor que telefonasse ao vendedor da "casa perfeita" e perguntasse mais uma vez se ele desejava vendê-la a nós. Eu simplesmente não conseguia desistir. O vendedor respondeu com um redondo *não!* Continuei a recitar as afirmações de Louise, pois ainda conseguia me ver e até me sentir morando naquela casa e fazendo parte do bairro.

E assim fizemos uma oferta pela segunda casa. Quando veio a contraproposta, foi com surpresa que soubemos pelo nosso agente que o vendedor da primeira casa, tendo localizado uma oportunidade de negócios, estava precisando imediatamente de muito dinheiro... e que a venderia a nós se ainda quiséssemos comprá-la.

Os documentos foram assinados naquele miraculoso dia 1º de abril de 2004 (ninguém caiu num 1º de abril!) e meu marido, minhas duas filhas e eu não podíamos ter ficado mais felizes!

Atraindo o melhor com Louise
Suzanne, diretora de recursos humanos, Texas

Há muito tempo Louise Hay vem sendo uma grande inspiração para mim e para os que me cercam. Meu primeiro conhecimento da obra de Louise foi em 2000, quando, na véspera de uma cirurgia exploratória, ganhei de uma amiga o livro *Você pode curar sua vida*. Para mim, era perfeitamente lógico o corpo refletir um padrão mental restritivo, se este fosse sustentado por muito tempo. Portanto, mudar o padrão de pensamento para obter um resultado diferente era um conceito fácil de aceitar. E eu o aceitei.

Ao longo dos anos fui comprando muitos livros, CDs e cartões de afirmações de Louise. Aprendi a viver com o coração aberto, a interromper a tagarelice de meus pensamentos e a partilhar com outros minha viagem de autodescoberta. Louise me deu permissão para convidar a entrarem em minha vida a criatividade e a coragem de analisar – agora sou eu quem ajuda os outros a identificar suas paixões e viver seus sonhos. E lhes dou orientação revelando como modifiquei meus próprios pensamentos.

As afirmações que parecem provocar um sorriso enorme são: *Sou um ímã para atrair dinheiro* e *Toda forma de prosperidade é atraída por mim*. Um dia, quando eu estava com uma amiga numa livraria em Scottsdale, no Arizona, comprando um dos livros de Louise, a operadora da caixa sorriu e disse: "Eu amo Louise Hay." E nós respondemos: "Nós também amamos!" Então, as três concordamos que nos agradava, principalmente, a afirmação *Sou um ímã para atrair dinheiro*. Naquele momento, entendi que, em relação à Louise, pessoas aparentemente estranhas umas às outras já não o são mais.

Recentemente comprei *Você pode curar sua vida – o filme* e gostei muito de saber mais sobre a trajetória percorrida por Louise e sua maneira de viver a vida de coração aberto. Estou muito feliz por ela ter seguido o próprio coração e resolvido partilhar com o mundo suas ideias e pensamentos, principalmente quando alguns acharam que não funcionaria a meta que ela buscava.

Louise me deu a coragem de investigar e vivenciar novas oportunidades. Toda vez que não estou à vontade numa situação, trato logo de dizer a mim mesma *Eu estou em segurança*. E isso me traz clareza mental, me permitindo examinar objetivamente todas as escolhas que tenho diante de mim. Além disso, gosto da meditação vespertina que ela criou: *O dia acabou; quer tenha sido bom ou ruim, ele acabou*. Sim, Louise Hay mudou minha vida e a vida de muitos ao meu redor. Não sei como agradecer a ela por isso.

Meus sonhos se realizaram
Michelle, professora de piano, Massachusetts

Eu tinha passado 11 anos trabalhando como secretária quando meu filho nasceu. Eu queria dar um jeito de ficar em casa com ele e mesmo assim ganhar dinheiro, portanto, resolvi me tornar orientadora infantil. Meu marido me apoiou muito e me estimulou a fazer aquela mudança. Fiquei dois anos cuidando de crianças, mas sentia que meu destino era fazer algo mais da minha vida. Depois do nascimento da minha filha tive muita vontade de ser professora de piano, mas não conseguia ver um modo de chegar a isso. Embora formada como pianista clássica, eu sentia que me faltava o preparo para ensinar.

Era 1989, quando descobri Louise Hay. Depois de ler e trabalhar com os livros dela e usar suas maravilhosas gravações, comecei a afirmar a vida que queria. Trabalhei para me livrar das coisas do meu passado que já não me serviam. Comecei a frequentar oficinas e cursos que me ajudassem a aprender a ensinar piano. Assinei revistas especializadas no ensino de piano e publiquei um anúncio no jornal. Logo em tinha sete alunos, aos quais dava aula à noite, depois que eu voltava da creche. Nos seis meses seguintes, o ensino de piano foi se tornando cada vez mais importante para mim. Continuei a estudar e afirmar diariamente, sentindo que estava no rumo certo.

Quem diria que em dez anos, por afirmar meu desejo e acreditar de fato na possibilidade de mudar minha vida, eu me tornaria uma professora de música diplomada, em âmbito nacional, e uma bem-sucedida professora de piano, além de ser também a presidente da associação de professores de música do meu estado? Depois disso me interessei pelo campo da tecnologia musical, e conheci alguns professores e mentores maravilhosos. Em 2003 fui convidada para fazer minha primeira apresentação sobre tecnologia musical num congresso nacional de professores de música, em Utah.

Até hoje dirijo um estúdio de piano com mais de 50 alunos; faço parte da diretoria das associações de professores de música do meu estado e da minha cidade. E apresentei sessões temáticas sobre tecnologia musical em congressos nacionais de professores de música em nove estados diferentes, e também no Canadá. Além disso, sou jurada de festivais realizados pelos professores de piano da minha região; publiquei artigos e resenhas em revistas de ensino de música (aquelas mesmas revistas que eu assinava no começo!) e recentemente escrevi em coautoria um livro sobre tecnologia musical, publicado este ano. Sou organista da igreja, diretora do coral infantil e do coral de sinos, e também acompanhante musical de muitos corais.

O encontro e o trabalho com Louise por intermédio de seus livros e gravações foi realmente miraculoso para mim, já que me ajudou na realização de muitos dos meus sonhos.

Cura milagrosa em todos os níveis
Kathryn, orientadora espiritual e organizadora pessoal, Washington

Há sete anos, quando precisei enfrentar uma cirurgia para remoção de seis fibromas, chegou às minhas mãos o livro de Louise, *Você pode curar sua vida*. Na época, eu estava separada do meu marido e firmemente entrincheirada na modalidade de vítima. Eu não tinha emprego, mas tinha duas hipotecas – portanto, queria vender urgentemente minha casa na Flórida. Precisava de um milagre, sem demora! Graças à *Você pode curar sua vida* fui inspirada a pedir esses milagres... e os obtive!

Antes de me submeter a uma operação (para a qual não tinha cobertura do plano de saúde), perguntei à minha médica se era verdade que as pessoas podiam curar a si mesmas. Ela se limitou a responder: "Eu já vi milagres." Pedi-lhe seis semanas para tentar me curar dos tumores, pois acreditava que a dor da minha separação podia ter sido a causa deles. A médica me deu seis semanas, mas mesmo assim realizou ultrassonografia e outros procedimentos pré-operatórios e marcou a data da cirurgia. No mesmo dia comecei a caminhar quase 5 quilômetros por dia, repetindo durante a caminhada a afirmação positiva de Louise para tumores fibrosos. Pratiquei com muita esperança durante seis semanas.

Quando compareci à consulta seguinte, eu estava convencida de que alguma coisa miraculosa tinha acontecido. E era verdade. Não havia o menor sinal de que os seis tumores estivessem ali. Vários médicos estavam coçando a cabeça, perguntando como aquilo seria possível. Eu sabia que um milagre tinha acontecido, e não parou por aí. Fiquei curada do meu complexo de vítima. Também vendi minha casa à vista em duas semanas e montei meu próprio negócio, muito bem-sucedido. Sou uma mulher próspera, saudável e feliz. Um dia espero escrever um livro detalhando minhas aventuras de sete anos atrás, e também os milagres que vêm acontecendo desde então.

O milagre da hipoteca
Nicole, praticante da técnica Journey, Texas

Mal posso começar a expressar minha gratidão à Louise Hay e aos livros da Hay House, por me abrirem a consciência para os mecanismos do Universo. É a esses ensinamentos que atribuo meu milagre recente.

Meu marido perdeu o emprego em 31 de outubro de 2008, o que me deixou com muito medo de perdermos a casa na crise econômica dos Estados Unidos. Combinamos colocar nossa casa à venda em 1º de janeiro de 2009, sem saber quanto tempo levaria para ela ser vendida. Eu sabia que não convinha me concentrar em meus medos e carências, mas também não queria ser pouco realista em relação à situação. Fiz meditações e preces sobre a questão e tinha em meu íntimo o conhecimento de que tudo funcionaria a nosso favor. Relaxei na confiança do Universo, mas ainda assim mantivemos o plano de vender a casa.

Três dias antes do nosso prazo final meu marido se comunicou com o banco. Descobriu que sem perceber nós estivéramos pagando duas vezes pela mesma hipoteca, em razão de um erro cometido por eles – nossa casa estava paga até abril de 2010! Sem precisar pagar a hipoteca e com nossos carros quitados, estamos em excelentes condições financeiras, tendo em vista que no momento não temos emprego. Esse milagre da hipoteca era tudo que precisávamos! Eu sabia que o Universo estava a meu favor, mas a perfeição Divina e esse milagre me deixam perplexa!

Agora meu coração canta!
Shelley May, líder de workshop, Austrália

Quando descobri a obra de Louise Hay eu estava há uns 14 anos estagnada na profissão, além de desiludida e esgotada. Também adoecia constantemente; tive pneumonia por três anos seguidos e herpes-zóster nos olhos, para mencionar apenas algumas das minhas doenças. Eu ansiava por alguma coisa melhor. Queria redescobrir minha paixão e mudar para melhor, não só a minha vida, mas também a vida dos outros.

Aprendendo com Louise, parti para a ação, em vez de ficar sentada esperando que me resgatassem. Fiz uma reserva para duas semanas de férias, tirei da minha mesa de trabalho todos os objetos pessoais, arquivei toda a minha documentação e até tirei da escrivaninha a plaquinha com meu nome. Os colegas comentaram que dava a impressão de que eu não voltaria, mas apenas sorri e continuei meus afazeres em silêncio. Em nenhum momento revelei meu segredo.

Durante o período de afastamento carreguei minhas baterias, afirmando constantemente que estava pronta para abandonar o emprego atual e assumir um papel que fizesse "meu coração cantar". Comecei a cuidar de *mim*: depois de ter passado meses com dores constantes e precisando de analgésicos até para sair da cama, marquei consulta para uma revisão médica para lá de atrasada.

Oito semanas depois de voltar ao escritório disseram-me que a empresa estava fechando a filial. Em questão de dois meses eu seria dispensada. Fiz o possível para conter o entusiasmo, mas por dentro estava vibrando – além de estar indo embora, eu ainda sairia com dinheiro!

A revisão médica me levou a descobrir um tumor de bom tamanho nos ovários, que eu batizei de Monty. Pelo fato de eu tê-lo criado, achei correto dar a ele um nome próprio. Terminado o emprego, fui direto para a cirurgia e recebi a boa notícia de que o tumor era benigno. Minha vida de fato havia recomeçado!

Agora sou estudante em tempo integral, escritora e artista plástica. Recentemente fui treinada para instrutora do workshop "Cure sua vida, realize seus sonhos", o que significa que realmente poderei trabalhar com o que faz meu coração cantar!

A vida é boa – estou próspera e feliz, e eternamente grata aos livros de Louise. Eles me deram a chave para sair da prisão que eu mesma tinha criado. É muito revigorante perceber que você pode fazer tudo, ser tudo e mudar tudo! Basta ter coragem suficiente para achar que pode... e acreditar nisso!

Manifestando minha casa perfeita
Jenny, designer gráfica, Califórnia

Oito anos atrás eu vivia numa casa que, mesmo bonita, não era adequada para a minha família. Eu queria uma casa que tivesse individualidade e ao redor um espaço aberto. Um amigo me contou sobre uma propriedade que parecia perfeita. Era uma antiga casa térrea em estilo californiano com um grande terreno em volta, numa linda estrada particular arborizada, numa área muito tranquila. Ele me contou que em breve os proprietários iam se mudar dali.

Passei na frente da casa a pé e me apaixonei por ela. Havia muito tempo que eu era fã de Louise Hay e decidi aplicar algumas de suas ferramentas para transformar meu sonho em realidade. Tirei uma foto da casa, que colei na porta da geladeira, e o tempo todo ficava me imaginando vivendo ali. Quase toda semana eu passava em frente à casa, levando minha filha no carrinho de bebê. Eu continuava a visualizar e afirmar que aquela era a casa da minha família.

Finalmente, meu marido e eu conseguimos visitar o imóvel e conhecer os donos. Fizemos um acordo sem envolver corretores e conseguimos a casa por um bom preço.

Exatamente um ano depois de eu tê-la fotografado, minha família e eu estávamos vivendo nela. No entanto, o lugar tinha lá seus defeitos. O imóvel tinha 35 anos e nunca passara por uma reforma, por isso meu marido e eu planejamos fazer uma modernização em algum momento. Combinamos que o faríamos depois de ter morado nele pelo menos cinco anos. Cinco anos se passaram, depois seis, e ainda não parecia ter chegado a hora. No entanto, muitos dos velhos equipamentos estavam parando de funcionar, o que era muito estressante.

Durante o sexto ano eu sabia que precisava agir. Criei um mapa de visualização que incluísse todas as coisas que eu

desejava em minha casa: que fosse bonita, tranquila, aconche-
gante e convidativa, com bastante espaço para reunir amigos.
Também comecei a visualizar a aparência que desejava para
ela, tanto por fora quanto por dentro.

No começo do sétimo ano começamos nossa reforma.
Agora temos a casa de nossos sonhos, graças aos pensamentos
positivos e às afirmações.

Como fazer o trabalho com Louise

Para receber a provisão e a abundância ilimitadas do Universo você precisa, primeiro, ter uma atitude mental de aceitação da abundância. Sem tal atitude, por mais que declare desejar certa coisa, não conseguirá deixá-la entrar em sua vida. No entanto, ainda que tenha passado muito tempo aceitando a crença *Eu sou um fracasso*, isso é só um pensamento, e, agora, você pode escolher um novo jeito de pensar.

Reserve uns minutos para se concentrar no sucesso e na prosperidade que deseja atrair para sua vida, fazendo os exercícios a seguir. Escreva as respostas numa folha de papel ou em seu diário.

Seu uso do dinheiro

Escreva três maneiras pelas quais você critica sua forma de usar o dinheiro que tem. Pode ser que faça dívidas o tempo todo, não consiga poupar ou não seja capaz de curtir seu dinheiro.

Pense em um exemplo de cada uma dessas situações em que você *não tenha* expressado o comportamento indesejável. Por exemplo:

- *Eu me critico por*: *gastar dinheiro demais e estar sempre endividado. Não consigo ficar dentro do orçamento.*
- *Eu me elogio por*: *pagar minhas contas este mês. Faço meus pagamentos em dia e com satisfação.*

Trabalho com o espelho

Parado na frente do espelho, de braços abertos, diga: *"Estou aberto e receptivo a tudo o que há de bom."* Que impressão você tem?

Agora, olhe-se no espelho e repita essa frase com sentimento. Que tipo de sensação lhe ocorre? Fazer _____ (preencha o espaço com uma ação) traz uma sensação libertadora?

Pratique esse exercício todo dia pela manhã. É um gesto maravilhosamente simbólico que pode aumentar sua consciência de prosperidade e trazer à sua vida mais manifestações do bem.

Seus sentimentos em relação ao dinheiro

Vamos examinar seus sentimentos de merecimento pessoal em relação ao dinheiro. Responda da melhor forma possível às perguntas a seguir:

1. Volte ao espelho. Olhe-se nos olhos e diga: "Meu maior medo com relação ao dinheiro é _____." Depois, escreva sua resposta e explique por que se sente assim.
2. O que aprendeu sobre dinheiro na infância?
3. Em que época seus pais foram criados? O que pensavam em relação ao dinheiro?
4. Como eram administradas as finanças em sua família?
5. Como você administra o dinheiro agora?
6. O que você gostaria de mudar em relação à sua consciência financeira?

Um oceano de abundância

Sua consciência de prosperidade não depende de dinheiro; seu fluxo de dinheiro depende de sua consciência de prosperidade. Quando você for capaz de conceber mais abundância, mais abundância entrará em sua vida.

Visualize-se parado numa praia, contemplando o vasto oceano e sabendo que ele reflete a abundância que está disponível para você. Baixe o olhar para as mãos e veja que tipo de recipiente você está segurando. É uma colher de chá, um dedal furado, um copo de papel, um copo de vidro, uma jarra, um balde, uma bacia – ou será que você tem um encanamento ligado a esse oceano de abundância? Olhe em torno e observe que não importa quantas pessoas estejam presentes ou que tipo de recipiente elas estejam carregando, há bastante para todos. Você não pode roubar dos outros, e nem eles podem roubar de você. E não há como vocês esgotarem o oceano. Seu recipiente é sua consciência, e sempre pode ser trocado por uma vasilha maior.

Faça esse exercício com frequência para vivenciar o sentimento de expansão e de provisão sem limites.

Sua consciência do dinheiro

Agora vamos examinar o problema do mérito próprio com respeito a sua situação financeira. Responda às perguntas a seguir. Depois de cada uma, diga uma ou mais das afirmações seguintes para neutralizar a crença negativa.

1. Você sente que merece ter dinheiro e desfrutá-lo?
2. Qual é seu maior medo em relação ao dinheiro?
3. O que você está "recebendo" dessa crença?
4. O que você teme que aconteça se abrir mão dessa crença?

Afirmações

Relaxo no fluxo da Vida e deixo que a Vida ofereça com facilidade e conforto tudo de que eu preciso.

Sou um ser ilimitado, aceitando de uma fonte ilimitada, de forma ilimitada.

Sou um ímã para atrair a prosperidade Divina.

Minha vida é um sucesso.

Sempre tenho tudo o que preciso.

Agora mereço todo o bem. Permito que as boas experiências preencham minha vida.

As bênçãos que recebo ultrapassam meus sonhos mais otimistas.

Estou aberto e receptivo a todo o bem e a toda a abundância do Universo.

Existe um lar perfeito para mim, e agora eu o aceito.

Minha renda está crescendo constantemente.

Eu mereço o melhor, e agora aceito o melhor.

Eu me dou permissão de prosperar.

Sei que tenho mérito, que para mim é seguro alcançar o sucesso.

Vivo na totalidade das possibilidades. Onde eu estou está tudo o que há de bom.

A infinita prosperidade é minha para compartilhar à vontade; sou abençoado.

Confio em que todas as minhas necessidades serão atendidas.

A vida é maravilhosa, tudo está perfeito em meu mundo, e eu sempre recebo maiores bens.

Riquezas de toda espécie são por mim atraídas.

Há bastante para todos, inclusive para mim.

Agora, o bem chega a mim de fontes esperadas e inesperadas.

Tratamento para a prosperidade

Estou totalmente aberto e receptivo ao fluxo abundante de prosperidade que o Universo oferece. As necessidades e os desejos que tenho são todos atendidos antes mesmo que eu peça. Estou Divinamente guiado e protegido e faço escolhas benéficas para mim. Alegro-me com o sucesso dos demais, sabendo que há suficiente para todos nós. Estou constantemente expandindo minha consciência de abundância, e isso se reflete numa renda que aumenta constantemente. O bem que chega a mim vem de toda parte e de todos. Tudo está bem em meu mundo.

Capítulo cinco

Desafios do campo profissional

Cada um de nós está buscando realização, e a escolha da profissão certa é um elemento importante. Ainda assim, é muito comum ouvir pessoas reclamarem do trabalho. Elas detestam seus empregos, não conseguem achar vaga no mercado, não se dão muito bem com os chefes, não ganham dinheiro suficiente... e a lista vai por aí afora. Você se surpreende com frequência dizendo coisas semelhantes? Lembre-se: qualquer que seja a posição em que se encontre, você atraiu isso com seus pensamentos. Abandone seu pensamento limitado e se permita avançar na direção que lhe traz felicidade.

As pessoas que relatam as histórias a seguir revelam como criaram uma situação profissional ideal.

Possibilidades não sonhadas
Melanie, diretora de doações, Califórnia

No começo da década de 1990, tive a bênção de conhecer Louise Hay em pessoa. Fiquei emocionada, pois durante anos eu havia lido seus livros, que partilhei com diversos amigos e parentes. Foi "amizade à primeira vista"! Passados alguns meses, de vez em quando ela se aconselhava comigo sobre as organizações não governamentais que deveriam receber assistência financeira de sua parte, e eu ficava feliz em trocarmos ideias. Depois de ter morado anos na Costa Leste, fui novamente abençoada por me ver reunida a ela em meu retorno à Califórnia. Na época, eu trabalhava com diversas organizações locais; mais uma vez, Louise quis saber de mim como a Hay House poderia contribuir para a comunidade.

Em 2005, depois de ter estado num excelente emprego ajudando crianças de lares de adoção temporária, e trabalhando em eventos especiais na comunidade, acabei extremamente interessada em doar recursos a mais gente, de uma forma real e concreta. Portanto, quando criei meu quadro anual de visualização, incluí um retrato de Louise, comigo ao seu lado, sorrindo, e com nossos braços abertos. Sob a foto escrevi as palavras: *Possibilidades não sonhadas*. De vez em quando eu pegava o quadro e repetia a afirmação: *Tenho um trabalho maravilhoso em vários aspectos, com pessoas maravilhosas e um salário maravilhoso, prestando diariamente serviços maravilhosos,* frase que foi cunhada por Florence Scovel Shinn, uma das mestras de Louise.

Minha afirmação se converteu em realidade em 2008, quando me ofereceram o posto de diretora de doações da Hay House. Posso dizer, com certeza, que foi uma "possibilidade não sonhada", e tenho um trabalho maravilhoso em muitos aspectos!

Estou muito agradecida pelo fato de Louise ter me dado a oportunidade de compartilhar a visão dela, para oferecer às pessoas meios de cura e livros que as capacitem a melhorar a qualidade de suas vidas. Também é uma honra viajar com ela enquanto continua a ensinar e a compartilhar seu amor, sua bondade, sua beleza e seu ótimo senso de humor com todos os que cruzam seu caminho.

Extremamente assombroso
Andrea, orientadora de saúde holística, chef de alimentação natural e escritora, Nova York

Aos 28 anos, eu tinha um excelente emprego e me sentia o máximo. Então, recebi um diagnóstico de hipertireoidismo, que os médicos recomendaram tratar com iodo radioativo e levotiroxina. Eu me opunha à radiação, principalmente depois de ver minha mãe morrer de câncer de mama, que foi tratado com radiação. Alterei radicalmente meus hábitos alimentares e estilo de vida e consegui curar minha tireoide por vias naturais.

Pouco depois de minha cura, comecei a me sentir vazia e pouco realizada ao final do dia de trabalho. Uma vozinha dentro de mim recomendou que eu ensinasse o que havia aprendido, ajudando assim aos outros. Apesar do forte desejo de ensinar, eu tinha medo de deixar a segurança do meu emprego. Meus medos me paralisavam: *Como poderia começar um negócio? Como iria promover e vender a mim mesma? Como pagaria o aluguel se no atual estado de coisas eu já estava vivendo com o orçamento apertado?*

Um dia, eu estava sentada num café com esses pensamentos negativos. Um homem perguntou se podia se sentar à minha mesa, e como não houvesse outros lugares disponíveis, consenti. Percebendo minha frustração, ele perguntou o que estava acontecendo em minha vida. Respondi que eu desejava largar o emprego e começar um negócio, mas que estava apavorada. Ele mencionou uma mulher chamada Louise Hay e escreveu esta frase para mim: *Estou em segurança no Universo e toda forma de vida me ama e me ampara*. Recomendou que eu substituísse por aquele pensamento positivo qualquer pensamento negativo que me entrasse na mente.

Durante os três meses seguintes os pensamentos negativos foram persistentes e me bombardearam a cabeça por dentro e por fora. Meus amigos e parentes tinham boas intenções, mas a negatividade de seus medos imitava e potencializava meu próprio medo. Continuei a lutar para melhorar meus pensamentos, exatamente como teria lutado para melhorar minha saúde. Eu lia os livros de Louise e repetia muitas vezes a afirmação que aquele homem me dera.

A caminho de casa, depois do trabalho, eu ia repetindo em silêncio o meu mantra quando fui fortemente atropelada – não por um carro, mas pela percepção de que realmente *estava* em segurança no Universo, e que toda forma de vida *realmente* me amava e me amparava. Tamanha foi minha emoção que interrompi a caminhada e gritei minha afirmação em voz alta. Os que passavam por mim apertaram depressa o passo, pois devo ter parecido alguém que perdera o juízo. A verdade é que eu tinha acabado de encontrá-lo.

No dia seguinte dei meu aviso prévio de duas semanas. Desde então, minha vida tem sido incrível: escrevi dois livros de sucesso e já estou no terceiro. Participei como destaque do programa *Top Chef*, da rede Bravo; sou a especialista em gastronomia de uma estação de televisão local e também apresento um programa em que ensino o público a cozinhar para tratamento ou prevenção de doenças; e anualmente leciono para 2 mil alunos de diversas instituições. E o melhor de tudo é que estou em segurança no Universo e toda forma de vida me ama e me ampara.

Muito obrigada, Louise Hay. Eu amo você.

Um milagre no local de trabalho
Telma, prestadora de apoio
domiciliar pessoal, Brasil

Eu estava trabalhando no departamento de marketing de uma empresa internacional quando fui convidada a me transferir para outro departamento. Por azar, meu novo gerente era um verdadeiro bicho-papão — na empresa inteira não havia quem gostasse dele. Mesmo tendo logo descoberto que todos tinham razão quanto a seu temperamento, trabalhei com ele por três dias. Foi tão complicado que todos os meus conhecidos me aconselharam a abandonar aquele posto. Um dia, o gerente e eu tivemos uma discussão, e eu já estava tão cansada da situação que disse que não trabalharia mais com ele. O gerente me convenceu a ficar no cargo até ele voltar de férias.

Quando o homem voltou ao escritório, percebi que alguma coisa estava errada com ele: não conseguia caminhar direito e parecia muito doente. Perguntei-lhe o que havia e soube que sofria de hérnia de disco. Ele sentia tanta dor que não podia caminhar, e foi obrigado a ficar hospitalizado por vários dias.

Quando voltou ao trabalho, eu lhe perguntei sobre o diagnóstico clínico. Ele olhou para mim com tanto medo nos olhos que me fez sentir um pouco de compaixão. Evidentemente sentindo muita dor, ele se declarou um homem morto. Não era possível fazer cirurgia para se livrar do mal-estar. Olhei-o no fundo dos olhos e disse que poderia ajudá-lo. Ele quase implorou que o fizesse.

Falei-lhe do livro *Você pode curar sua vida*. Não tinha o livro comigo, mas prometi que conseguiria um exemplar em algumas horas. Fui a uma livraria e encontrei somente um exemplar na prateleira, como se estivesse esperando por mim. De volta ao escritório coloquei o livro sobre a mesa dele e lhe disse, com a máxima seriedade, que ele tinha que ler a obra e fazer todas as afirmações compatíveis.

No dia seguinte ele veio falar comigo e me disse que havia devorado o livro e já não sentia dor; de fato, suspendeu toda a medicação que vinha tomando. Na semana seguinte, já era outra pessoa – mais alegre, livre da dor. Disse-me que sabia que nada mais estava errado com ele, que iria ao consultório médico para confirmar. Horas depois voltou muito alegre ao escritório, dizendo que os exames não tinham conseguido localizar nenhum problema em sua coluna vertebral. O médico não foi capaz de explicar como ele havia conseguido se livrar do problema, pois o tipo de hérnia de que sofria era muito difícil de tratar e não poderia ter desaparecido inesperadamente.

Todos na empresa me perguntavam o que eu tinha feito com o gerente. Ele estava muito diferente, mais humano e gentil. Isso aconteceu há 15 anos; hoje em dia quando perguntam a ele como está se sentindo, responde que nunca mais teve problemas na coluna. Ele atribui esse milagre de cura à Louise, e comprou muitos exemplares de *Você pode curar sua vida* para com eles presentear parentes e amigos.

Criando um emprego novo e maravilhoso
Melody, supervisora de serviços de colocação profissional, Michigan

Depois de um divórcio "de surpresa", decidi me matricular numa faculdade para buscar uma vida melhor para meus filhos e para mim. Na condição de mãe solteira, foi difícil conciliar dois empregos, frequentar as aulas e fazer os deveres de casa, mas, decididamente, valeu a pena. Levei seis anos para completar minha graduação em administração de recursos humanos e mais três anos de intermináveis entrevistas e muitas rejeições, antes de finalmente encontrar o emprego ideal. Depois, levei só alguns meses para entender que me sentia infeliz no trabalho que tinha me custado tanto tempo encontrar. Eu tinha certeza de que minha infelicidade provinha, especificamente, do ambiente hostil daquela fábrica e não concretamente do cargo ou profissão. Eu nunca estivera num ambiente tão ruim e sabia que precisava encontrar um local de trabalho menos estressante.

Conforme quis o destino, eu não precisei me demitir – em 28 de setembro de 2001 a empresa resolveu enxugar o quadro funcional. Eu estava vivendo com um orçamento apertado e não tinha poupança nem seguro. Mesmo tendo chorado, também senti uma sensação de alívio. Minha forte convicção de que uma porta se abria quando outra se fechava me dava força e estímulo.

Eu já havia superado muitos obstáculos em minha vida, como o abandono por meu pai, a pobreza, a gravidez na adolescência, o câncer, a traição do meu marido e a condição de mulher que cria sozinha os filhos. Pelas experiências passadas, eu sabia que algo de bom viria desse novo desafio.

Anteriormente, eu havia comprado os *Power Thought Cards*, de Louise Hay. Fui para casa e retirando da caixa os cartões, disse em voz alta: "Em um desses cartões há uma mensagem para mim." E, naturalmente, num dos lados do cartão estava escrito: *Eu, agora, crio um emprego novo e maravilhoso.* E no verso do cartão estava escrito: *Estou totalmente aberta e receptiva a um emprego novo e maravilhoso, usando meus talentos e habilidades, trabalhando para e com gente de quem eu gosto,*

numa localização maravilhosa e ganhando um bom dinheiro.
Coloquei os cartões na bolsa, de onde os puxava muitas vezes por dia para ler e afirmar. Eu realmente acreditava nessa mensagem, e do fundo do coração sabia que aquilo se realizaria.

Seis semanas depois eu conseguia uma vaga numa agência governamental em serviços humanitários, função na qual eu ensinaria aos desempregados habilidades necessárias para procurar emprego. O posto era recém-criado, para trabalhar com pessoas de mesma propensão, a apenas 8 quilômetros de minha casa, num local situado às margens de um lindo rio, com um calçadão à nossa porta. E o salário inicial pagava mais pela hora que meu emprego anterior. Em nove meses até me tornei supervisora e recebi aumento.

Isso aconteceu há quase dez anos. Sinto muita satisfação e motivação ao testemunhar os resultados da instrução e do incentivo que dou. É muito gratificante ver as pessoas chegarem ao escritório com o peso do mundo nas costas e, contudo, saírem com um brilho de esperança nos olhos. Saber que ajudei quem estava atravessando tempos difíceis é uma recompensa. Não apenas sei, mas também sinto que verdadeiramente encontrei meu lugar. Muito obrigada, Louise!

Encontrando meu poder no espelho
Chronopoulou, professora de jardim da infância, Grécia

Tenho 23 anos de idade e passei dois anos trabalhando como assistente numa escola particular perto de minha casa. Desde o começo, meu chefe me disse que se eu correspondesse ao esperado, provavelmente, receberia uma promoção no futuro. No entanto, eu não estava contando muito com essa promessa e continuei a trabalhar sem muita expectativa.

Havia tempos que eu possuía o livro de Louise Hay, *Empowering Women*, mas jamais o abrira. Agora, comecei a ler atentamente, chegando mesmo a repetir diante do espelho algumas afirmações para mudanças em minha vida. Adivinhem o que aconteceu? Depois de apenas um mês recebi a promoção! Eu nem acreditei que pudesse acontecer tão depressa, e fiquei muito feliz e entusiasmada com o fato!

Hoje em dia, sempre que tenho medo do que a vida ou o Universo trará para mim, imediatamente retorno à prática do espelho. Não é loucura saber que a genuína oportunidade de sermos felizes e recebermos o que merecemos está ao nosso dispor, mas que, às vezes, esquecemos o que isso possa, de fato, valer para nós?

Estou verdadeiramente agradecida à Louise por sua coragem de ensinar essas coisas sábias. Espero ansiosa para ler seu novo livro e tenho esperança de que em breve ele seja traduzido para o grego.

Tornando-me a mulher que fui outrora
Ann, terapeuta de massagem equina e instrutora de equitação, Canadá

Há anos, quando eu era uma adolescente na Jamaica, meu pai e eu íamos sempre às reuniões da Ciência da Mente, nas quais estudávamos as obras de Ernest Holmes. Na metade da década de 1980, meu pai encontrou os livros de Louise Hay, dos quais realmente gostou, e cujos trechos ele ficava o tempo todo lendo para nossa família. Louise mudou a vida dele, que prosperou nos negócios. Quanto a mim, cresci sabendo que minha mente era criativa e que eu estava no comando do meu próprio universo. Passaram-se os anos, eu me casei e tive filhos, mas como a vida me ocupou inteiramente, esqueci o que tinha aprendido com meu pai e com Louise. Atravessei uma forte crise de depressão e perdi o contato com a pessoa que eu tinha sido.

Fiz 50 anos em 2009 e dei uma virada em minha vida. Formei uma parceria com uma amiga e montamos uma "rede de conhecimento" para mulheres. Um de nossos programas usa cavalos como espelhos de nós mesmas – por intermédio de terapia integrada, aprendemos muito com eles. Isso nos fortalece e constitui uma viagem para o que realmente somos. Estou muito empolgada para também começar outros programas, inclusive aulas de culinária orgânica.

Sou muito grata à Louise porque, anos atrás, ela inspirou meu pai a mudar de vida, e porque me deu o exemplo de ajudar outras pessoas com meu trabalho e viver minha própria vida da melhor forma possível.

A pessoa ideal para o trabalho
Donna, gerente administrativa, Nova York

Minha melhor amiga, Noelle, me deu meu primeiro livro de Louise Hay (*Você pode curar sua vida*) no final da década de 1980. Durante os últimos 20 anos, Louise tem sido nosso milagre – Noelle e eu temos usado muitas vezes as técnicas de Louise e transmitido aos outros suas maravilhosas palavras de sabedoria e de incentivo.

Um de meus milagres pessoais ocorreu no começo do ano de 1991, depois que segui uma das sugestões de Louise sobre escrever afirmações para meu próprio uso. Na época, eu estava desempregada e buscava o emprego certo. Escrevi minhas afirmações em cartões de fichamento, que à noite punha sob o travesseiro, e ia dormir. Durante o dia eu os lia em voz alta, às vezes enquanto me olhava no espelho, conforme aconselhado por Louise.

Semanas depois de ter começado essa prática, candidatei-me a um emprego na revista *Reader's Digest*, e posteriormente fui chamada para uma entrevista no departamento de condensação de livros. A mulher que fazia as entrevistas disse que havia entrevistado para o cargo umas 175 pessoas, e, no entanto, nenhuma delas tinha o perfil adequado para ocupá-lo. Felizmente, ela achou que eu tinha. Tratava-se de um trabalho inédito, pelo fato de ser meio expediente mas com benefícios integrais. Naquela época, a revista tinha mais de 20 mil empregados; a vaga oferecida era a única função em tempo parcial que gozava de benefícios integrais. Eu nem podia acreditar! Para completar a renda, peguei outro emprego de meio expediente, no horário da tarde; um ano depois as duas empresas me ofereceram emprego em tempo integral. Optei pela *Reader's Digest*, na qual trabalhei por dez anos.

Louise, você continua a me inspirar, à minha família e meus amigos. Quando conversamos uns com os outros, dizemos: "Procure na Louise; você pode se curar." Sabemos que mesmo abrindo aleatoriamente um de seus livros, a mensagem que lemos ali é exatamente o que precisamos saber naquele momento. Muito obrigada por tudo!

Visualizando um futuro brilhante
Myrna, escritora, México

Atlanta, outubro de 2003: por ser a força motriz e o nome por trás do evento "*I Can Do It!* Conference", Louise Hay tocou minha vida no minuto em que subiu ao palco, como se ela fosse uma corrente de fogo. Empolgada com seu entusiasmo, eu escrevia furiosamente para registrar em meu diário tudo o que ela dizia.

Seguindo as sugestões dela, escrevi algumas lembranças "deliciosas", seguidas por uma lista de modos de vida que eu gostaria de adotar. Entre outras coisas, visualizei uma vida em que teria aulas de ioga e de dança do ventre; andaria de bicicleta à beira-mar e escreveria todo dia num estúdio próprio, diante de uma janela imensa na qual o sol e a lua pudessem dançar com as musas, ao ritmo do vento.

Tudo o que Louise disse naquele dia e ao longo do evento me causou uma forte impressão. Mas houve uma frase que realmente incendiou minha alma: "Não sei o que o futuro reserva, mas estou realmente empolgada com isso." Munida da arma da esperança, a guerreira em mim despertou e foi trabalhar.

Levando a sério o que Louise tinha dito sobre a forma como o Universo responde a nossos pensamentos e sobre a importância de escolher pensamentos que sejam alegres e positivos, comecei a afirmar mudanças em minha vida (e também na vida do meu marido). Em maio de 2004, vendemos todos os nossos pertences nos Estados Unidos e nos mudamos para Cozumel, no México, onde construímos uma casa celestial e um negócio que faz nossos corações cantarem.

Agora eu acordo às 5 horas, atravesso a cidade de bicicleta e sou cumprimentada pelo oceano. Dia sim, dia não, eu pratico ioga e frequento aulas de dança do ventre; toda tarde passo algum tempo escrevendo, no santuário do meu estúdio. Eu trabalho sentada a uma mesa de madeira com tampo xadrez, voltada para uma janela enorme, na qual a lua e o sol se revezam em iluminar o caminho para as musas dançarem livremente por meu intermédio.

A dança tomou forma: no começo de 2009, meu primeiro livro ficou disponível na maioria dos canais mundiais de distribuição por meio eletrônico – uma prova de que o Universo responde mesmo aos nossos pensamentos.

Louise ressuscitou minha fé ao substituir o medo pela esperança. Eu agora sei que toda experiência é boa para mim, e que seja o que for o que o futuro reserve, é algo estimulante!

O que um emprego pode refletir para você
Robyn, terapeuta de cura e especialista
em enfermagem clínica, Austrália

Eu diria que o momento em que Louise Hay tocou minha vida aconteceu em 1999. Naquela época, eu estava trabalhando como enfermeira numa unidade psiquiátrica. E a agressão pareceu crescer entre os pacientes à minha volta. Quando fui agredida fisicamente por um deles, fiquei gelada – e soube que precisava ir embora. Eu era uma alma delicada e aquele ambiente me afetava muito.

Extremamente perturbada, fui até a loja local de artigos da Nova Era, imaginando como minha vida iria prosseguir. Foi quando vi os livros de Louise, *Cure seu corpo* e *Você pode curar sua vida*, e o resto é história! Segui adiante e nunca mais olhei para trás. Reconheci o fato de que minhas experiências no trabalho estavam me encorajando a examinar minha história e os efeitos causados por ela. Muitas pessoas têm curado outras através do trabalho de Louise, e embora minha experiência se relacionasse mais ao campo profissional, eu sabia que precisava lidar com as coisas complicadas de minha vida, para evitar a ocorrência de mais sintomas físicos ou doenças.

No decorrer de anos eu já tinha tido muitos problemas ligados ao aparelho reprodutor, inclusive aborto espontâneo, gravidez tubária e um bebê que nasceu morto. A tragédia de ter perdido minha filha e minha mãe com um intervalo de poucos anos também me havia lançado num intenso processo de luto, que incluiu ações das quais não me orgulhava – e, desnecessário dizer, foi tremendo o sentimento de culpa e de perda de autoestima com que deparei. Reconheci que meu trabalho na unidade de psiquiatria estava apenas me devolvendo o reflexo dos aspectos de minha vida que eu precisava examinar para progredir em meu caminho.

Agora, graças ao trabalho com muitos livros e vídeos de Louise, posso dizer honestamente que aprendi a me amar num nível inteiramente novo. Hoje eu ainda trabalho pessoalmente com as afirmações de Louise, que também partilho com meus clientes. É isso mesmo – agora estou trabalhando como terapeuta de cura e instrutora de variadas modalidades de cura. Sinto que tenho um trabalho perfeito para mim, em termos de passar o tempo todo cercada de amor e de energia positiva. Incentivo meus clientes a terem na biblioteca pessoal um exemplar do livro *Você pode curar sua vida* e o *I Can Do It* na versão em livro e CD. Gosto especialmente da série *The Louise L. Hay Book Collection* (com as edições-brinde de *Você pode curar sua vida* e *Meditações para curar sua vida*), pois representa a beleza da obra de Louise. Se os clientes e os alunos que me procuram conseguirem colher só uma pequena parcela daquilo que tive a bênção de receber, então, isso é tudo o que eu, ou qualquer um, poderia pedir.

Eu lhe agradeço, Louise, por mudar a vida de tanta gente!

A coragem de se jogar!
Bonnie, artista plástica, Massachusetts

Sempre fui artista; na verdade, o fato de ser criativa conservou minha saúde mental numa família muito desajustada. Lembro-me de ter dito aos 19 anos que seria artista plástica, mas só cinco anos depois enveredei por esse caminho, em 1987.

Na época, eu estava trabalhando em marketing para uma das 500 maiores empresas, segundo a *Fortune*. Um exame ginecológico anual diagnosticou que eu tinha um enorme cisto no ovário. O que se esperava que fosse uma operação simples transformou-se numa cirurgia grande – eu estava muito doente e sequer sabia disso.

Como presente de convalescença, minha irmã comprou para mim o livro *Você pode curar sua vida*, de Louise Hay. Foi o começo do meu despertar espiritual. Embora a informação contida no livro me fosse estranha, eu estava aberta à proposta. Imaginava por que motivo aquela doença havia acontecido, até que li que os ovários representam o ponto da criação e da criatividade. Na mesma hora um alarme disparou em minha cabeça. Eu tinha estado reprimindo minha criatividade e me privando de uma coisa que eu adorava fazer. Eu sempre tinha sido artista, mas nunca tinha tido a coragem de me lançar, até enfrentar essa experiência. Entendi que a vida é preciosa e que nunca sabemos quando virá nossa vez de deixar o planeta. Então, decidi largar o emprego e voltar à faculdade.

Fui obrigada a fazer sacrifícios. Trabalhava em tempo integral em outro emprego, frequentava a escola de arte, além de confeccionar e vender bijuterias em feiras de artesanato. Levei mais de sete anos para terminar a graduação em artes plásticas. Mas consegui! E Louise me ajudou a chegar onde estou hoje.

Minha vida está se tornando cada vez melhor por causa dos ensinamentos dela. Hoje em dia sou uma artista bem-sucedida e adoro o campo de desenvolvimento pessoal. Louise está comigo na mesinha de cabeceira, na cozinha e no carro; e ela me ajudou a me ajudar e a viver uma maravilhosa vida nova. Tenho-lhe eterna gratidão, e por sua causa posso dizer com convicção: "Na infinidade da vida onde estou, tudo é perfeito, pleno e completo." Do fundo do coração, eu agradeço a ela.

Verdadeiras bênçãos
Peggy, aromaterapeuta, Reino Unido

Minha vida tem sido uma série de milagres. O primeiro aconteceu quando, aos 40 anos, eu estava vivendo no norte do País de Gales. Tinha passado por algumas dificuldades conjugais e estava me sentindo profundamente infeliz. Depois de ler o livro de Louise Hay, *Você pode curar sua vida*, decidi gravar em fita cassete, para uso próprio, uma visualização criativa e algumas afirmações. Completada a gravação, visitei minha filha que morava num vilarejo próxima. Na chegada, ela me informou que estava se mudando e me ofereceu a oportunidade de viver em sua casa atual por algumas semanas, para refletir sobre minha situação pessoal. Enquanto fiquei morando lá, ouvia repetidamente minha gravação, e vivenciei uma expansão das capacidades visual e auditiva, e também de poderes telepáticos. Isso mudou completamente minha vida. Nos anos seguintes, voltei a estudar, e finalmente me qualifiquei como aromaterapeuta e orientadora.

Resolvi fazer o curso de instrutora das técnicas de Louise Hay, mas sofri um acidente de carro e cheguei ao local do curso sentindo uma forte dor nas costas. Apesar disso, estava cercada de tanta energia positiva e de tanta gente amorosa que rapidamente esqueci a dor. Durante o curso de três dias, aprendemos a usar as afirmativas de Louise e a criar nossas próprias, e depois fomos orientados a colocar em prática as técnicas de sua autoria, além de treinar as pessoas a usá-las. No terceiro dia eu já estava suficientemente bem para dançar com os colegas de curso!

Quando o treinamento acabou, senti-me inspirada para enfrentar o desafio de coordenar diversos cursos de massagem de aromaterapia em fins de semana. Partilhei com meus alunos as habilidades, afirmações e canções que havia aprendido no curso de treinamento de Louise Hay. Isso lhes permitiu adquirir confiança em trabalhar num ambiente muito íntimo com pessoas relativamente estranhas. Agora, aos sessenta e muitos anos, posso dizer que realmente tenho a profissão dos meus sonhos.

E aí vai um interessante pós-escrito: atualmente estou morando no norte da Espanha. Logo depois de ter chegado aqui, vi anunciada para alugar uma casa incrível; infelizmente, quando consegui visitá-la, ela havia sido vendida. Muitas vezes fiz uma caminhada até lá para admirar a vista sensacional que se descortinava da praça da igreja ao lado, e continuamente visualizava a vida numa casa como aquela. Por fim, conheci os novos donos da casa, e nos tornamos bons amigos. Um ano depois, estou morando na casa, alugada aos donos, que tiveram que se mudar de volta para o Reino Unido.

Continuo a ser inspirada pelos livros, as gravações e os DVDs de Louise; e estou desfrutando de muitas outras experiências maravilhosas. Eu me sinto verdadeiramente abençoada.

Agora sou uma mulher livre
Lisa, assistente pessoal, Ohio

Minha vida mudou drasticamente durante este último ano, e acredito que os livros e ensinamentos de Louise Hay foram os catalisadores que inspiraram a mudança.

Durante 15 anos eu tinha vivido um casamento sem amor e repleto de agressão verbal, do qual acreditava não ter saída. Então, há dois anos, li o livro de Louise, *Você pode curar sua vida*, e foi como se alguém abrisse uma porta de cuja existência eu nunca tivesse suspeitado. Tudo se tornou mais claro para mim, e minhas intenções em relação à minha vida ficaram mais focalizadas e nítidas. Quando assisti à versão do livro em filme, vi confirmada minha crença recente de que eu tinha o poder dentro de mim para fazer da vida tudo que desejava que ela fosse. Eu podia criar para mim e meus filhos uma vida nova, repleta de felicidade e de paz.

Comecei a meditar diariamente sobre minhas intenções. Eu visualizava o rumo que desejava que minha vida tomasse e depois dizia minhas afirmações em voz alta. A primeira afirmação se referia a terminar pacificamente meu casamento; a segunda se referia ao trabalho. Eu era dona de casa e mãe de três filhos, e meu marido controlava o dinheiro. Eu sabia que precisava de um emprego bem remunerado para fazer uma transição suave em minha vida.

Quando dizia minhas afirmações, eu terminava com a frase "Eu recebo isso, agora". Descobri que quando dizia essas palavras em voz alta meu coração ficava mais leve, como se as preocupações urgentes que eu carregava dentro de mim se aliviassem e o próprio Universo as removesse.

Ao longo desse processo continuei a manter a gratidão como tema central de minhas afirmações, e ofereci minhas palavras como preces ao Espírito e aos meus guias espirituais. Eles tinham se mostrado muito leais a mim.

Louise, eu lhe agradeço por seus ensinamentos; você é, para mim, uma inspiração. Por sua causa sou agora uma mulher livre, com um emprego maravilhoso e uma vida ainda melhor.

As obras de Louise... e as minhas
Mary Margarette, diretora-executiva, Austrália

Em 1994, fui internada num hospital com uma terrível dor nas costas. Mesmo depois de me tratarem com injeções de analgésico e me colocarem na tração, os médicos não conseguiram fazer um diagnóstico.

Enquanto eu estava passando por tudo isso, minha irmã me telefonou e me perguntou onde estava localizada a dor. Quando informei que era abaixo da cintura, ela respondeu: "Você está sofrendo de culpa e tem medo de dinheiro."

Meu casamento tinha terminado depois de 20 anos, e agora eu estava vivendo num apartamento pequeno e parcamente mobiliado. Sem dinheiro, eu estava às voltas com um negócio novo que enfrentava dificuldades. Chocada com as palavras de minha irmã, perguntei a ela como sabia daquilo.

"Está no livro *Você pode curar sua vida*", ela explicou.

Pedi a uma pessoa amiga que fosse comprar para mim o livro, que imediatamente li quase todo. No dia seguinte saí do hospital (sem dores) e me tornei uma esponja para as palavras de Louise. Afirmações positivas eram minha vida, e eu vivia e respirava as obras de Louise.

Em 1997, encontrei, por acaso, um folheto sobre o curso de treinamento "Ame-se e cure sua vida", em San Diego, Califórnia. Ainda trabalhando com afinco para construir meu negócio, eu estava decidida a fazer o curso. Após tê-lo terminado, voltei para casa na Austrália e durante os quatro anos seguintes, enquanto prosseguia na construção do negócio, coordenei muitos desses cursos de treinamento em fins de semana.

Terminei o doutorado em psicologia e agora sou a diretora-geral de minha própria firma provedora de cuidados de enfermagem em domicílio, que vale milhões de dólares. Em 2007, fundei uma instituição de ensino na qual ministramos muitos cursos, inclusive de desenvolvimento pessoal – e que incorporam a obra de Louise. Eu compartilho as mensagens de Louise com toda a minha equipe administrativa, a cujos membros forneço afirmações em nossas reuniões mensais. Meus dois filhos e suas parceiras também trabalham comigo e compartilham meu amor por Louise e o que ela faz.

Nunca mais voltei a sentir dor na coluna; hoje em dia sou saudável, feliz e próspera. Tenho orgulho de dizer que dou prosseguimento à obra de Louise, que também se tornou a minha própria.

Explorando minha força interior
Montie, designer de interiores, Missouri

Há 15 anos, eu era uma jovem viúva com dois filhos adolescentes. Meu marido tinha morrido de repente, de um ataque cardíaco fulminante – em um segundo meu mundo virou de cabeça para baixo. Embora eu não soubesse nada sobre os negócios dele, pensei tolamente que as coisas seriam facilitadas para mim por meio do processo de liquidação do espólio. Mas elas depressa se complicaram. Ficou claro que eu precisaria me recompor e interpretar três papéis. O primeiro era o de empresária experiente (mesmo sem ter experiência); o segundo era o de mãe atenta e amorosa de dois filhos maravilhosos, mas arrasados; e o terceiro era o de mulher de luto.

Eu sempre fui uma pessoa espiritualizada, mas agora isso não estava me ajudando. Na empresa de meu marido diversas pessoas estavam trabalhando contra mim, e minha vida parecia o caos. Um dia, depois de mais uma noite em que chorei até adormecer, parei na frente da seção de autoajuda da livraria, em busca de um milagre. Quando puxei um livro da prateleira, o livro ao lado dele caiu direto em cima do meu pé. Apanhei-o pensando que devia ser o livro de que eu precisava. Era *Você pode curar sua vida*.

Depois de comprar os livros de Louise, que li com atenção várias vezes, entendi a importância de escolher pensamentos que me fortalecessem. Pensar negativamente ou bancar a vítima não me ajudava em nada; chegara o momento de explorar minha força interior. O livro me deu tanta esperança que começou a diluir a maior parte de meus medos. Quando não conseguia dormir à noite, em vez de ter ataques de ansiedade ou me debulhar em lágrimas, eu agora repetia afirmações e visualizava o modo como desejava que o dia seguinte transcorresse. Todo dia as coisas começavam a mudar, num sentido positivo. Era mágico, e tenho que agradecer à Louise Hay por isso.

Terminei assumindo o comando de minha vida, montando um escritório, aprendendo a investir e começando minha própria empresa – da qual sou proprietária há 11 anos. No fim das contas, acho que eu sou mesmo uma empresária! Casei-me com um homem maravilhoso, que é meu parceiro na vida e também meu parceiro na descoberta espiritual; e meus filhos são felizes e bem-sucedidos na vida pessoal e profissional.

Louise mudou minha vida e, enquanto prossigo em minha viagem, me sinto extremamente abençoada pela possibilidade de transmitir suas palavras de sabedoria e seus livros para amigos e parentes. (Por falar nisso, meu marido, minha filha e eu encontramos Louise pessoalmente... que emoção enorme! Prometi a ela que contaria ao mundo minha história, e estou muito grata pela oportunidade de fazê-lo.)

Sorte ou Louise?
Mary Kate, escritora, Irlanda

Em 2005, eu estava infeliz, mais gorda que nunca, vivendo um péssimo relacionamento e tendo dificuldade em me sustentar. Sentia-me perdida, e não conseguia encarar a luta dos 40 ou 50 anos restantes de minha vida. Decidi fazer um retiro de saúde; no entanto, chegando ao local descobri que, apesar de leitora voraz, eu tinha me esquecido, pela primeira vez na vida, de botar um livro na mala. Felizmente o retiro tinha uma biblioteca, onde o livro *Você pode curar sua vida* me chamou a atenção. Levei o exemplar para a cama e comecei a ler. No dia seguinte, ao terminar, comecei a ler de novo. Enquanto lia, tive uma sensação de reconhecimento: aquela era a ajuda que eu buscava.

No outono, frequentei diversos workshops de Louise Hay, coordenados por um instrutor estimulante. Quando voltei para casa, meu relacionamento acabou; mesmo entristecida, eu estava pronta para o futuro. Tinha sido infeliz por tantos anos que agora me alegrava de novo, pois, enfim, entendia a verdade sobre o significado de escolher meus pensamentos. Muito embora as manifestações externas fossem pequenas naquela altura, ainda assim meus seres amados comentavam minha transformação. No entanto, manifestações ainda maiores estavam prestes a acontecer.

Criei o hábito de prender no espelho de casa cartões de afirmação de Louise, de me abençoar ao espelho toda vez que me lembrava de fazê-lo e de ouvir diariamente o CD dela, *Meditações para a manhã e para a noite*. Os milagres não demoraram muito a entrar em minha vida. Por exemplo, comecei o ano trabalhando como temporária por um salário mínimo e terminei ganhando uma quantidade de dinheiro sem precedentes, acima da média nacional. Obtive uma vaga num fabuloso curso de treinamento, comecei a fazer o mestrado e atraí um contrato polpudo. Levei a mim mesma para uma lua de mel em Veneza, em comemoração ao meu aniversário de 40 anos, e alguns amigos foram se reunir comigo na cidade para um fim de semana mágico. Pessoas maravilhosas começaram a entrar em minha vida, inclusive um valiosíssimo mentor e amigo que me ajudou imensamente na vida profissional. Para muitos, começou a parecer piada a sorte que de repente eu passei a ter.

Hoje, continuo a receber ofertas de ótimas oportunidades e a viajar pelo mundo inteiro com meu trabalho, que amo muito. Agora que gosto de mim, cuido melhor fisicamente de minha pessoa; e meu corpo está mais forte, mais leve e mais tonificado. Minhas relações estão melhores que nunca, e embora minha vida não seja perfeita (e eu, com certeza, também não sou), vivo a maior parte do tempo num estado de agradecimento. Por exemplo, meu querido pai morreu inesperadamente no final de 2006, e mesmo sentindo terrivelmente a falta dele eu lidei com sua perda praticando a gratidão e o apreço por tudo que ele foi e me deu antes de falecer.

Recompensas, grandes e pequenas, continuam a fluir para mim. Louise está comigo em muitos momentos de meu dia, principalmente na hora de acordar e de dormir. O trabalho dela não só curou minha vida, mas foi o que me *salvou*. Minha gratidão por ela é impossível de expressar.

Sempre tenha fé no poder das afirmações
Devon, redatora, Califórnia

Em 1993, minha amiga Alexa e eu trabalhávamos juntas numa agência de publicidade, mas estávamos infelizes. Enfiadas num escritório do tamanho de um refeitório grande trabalhavam umas trinta pessoas (na maioria mulheres fofoqueiras), e havia muita energia negativa. Alexa e eu éramos fãs de Louise Hay; portanto, adaptamos os pensamentos positivos dela à nossa situação e toda tarde nós repetíamos afirmações como a seguinte: *Trabalhamos juntas numa empresa que adoramos. Somos bem-pagas pelo que fazemos e constantemente recebemos aumentos de salário. Temos uma relação maravilhosa com nossos colegas.* E assim por diante...

De qualquer jeito, como na época morávamos a mais de 70 quilômetros uma da outra, achávamos muito improvável acabarmos trabalhando novamente no mesmo lugar.

Entretanto, sempre tenho fé no poder das afirmações...

A empresa em que trabalhávamos despediu a equipe inteira; Alexa e eu nos afastamos. Fui trabalhar como redatora em outra agência publicitária e Alexa voltou a estudar.

De repente, recebi um telefonema inesperado de uma empresa em que eu tinha trabalhado quatro anos antes, por um curto período. Naquela época, a empresa estava localizada a meio caminho entre minha casa e a de Alexa – e outro amigo meu estava fazendo as contratações. Disse que a empresa queria contratar um diretor de arte, e perguntou se eu conhecia algum. Imediatamente me lembrei de Alexa. Para encurtar uma longa história: ela foi contratada. Semanas depois recebi um telefonema me perguntando se eu gostaria de voltar à essa empresa como redatora. É claro que eu disse sim!

Portanto... graças principalmente à nossa admiração por Louise e às afirmações que compartilhamos, Alexa e eu acabamos trabalhando juntas para uma empresa que adoramos.

E agora já faz tempo que estamos aqui... *16 anos felizes!*

Como fazer o trabalho com Louise

Cada um de nós está no ponto onde se encontra hoje por causa dos padrões de pensamento que escolheu. As pessoas e os "problemas" ao nosso redor estão refletindo o que acreditamos merecer.

Se todos os seus pensamentos referentes ao trabalho são negativos, como você espera criar um ambiente de trabalho próspero? Abençoe sua posição atual (tenha emprego ou não) e entenda que o ponto onde se encontra, seja ele qual for, é mais um ponto de partida no percurso do resto de sua vida. Focalize sua mente na área profissional e no ambiente de trabalho que você deseja fazendo os exercícios a seguir. Escreva as respostas numa folha de papel ou em seu diário.

Centre-se

Antes de começar, reserve um momento para se centrar. Coloque a mão direita sobre a área do baixo-ventre. Pense nessa área como o centro de seu ser. Respire. Olhe-se no espelho e diga três vezes: *"Estou disposto a abrir mão da necessidade de ser tão infeliz no trabalho."* Cada vez que disser a frase, diga-a de uma forma ligeiramente modificada. O que você quer fazer é aumentar seu compromisso com a mudança.

Sua vida profissional

Vamos examinar seus pensamentos sobre seu trabalho:

1. Você trabalha em um ambiente agradável?
2. O que gostaria de mudar em relação ao emprego atual?

3. O que mudaria em relação ao seu empregador?
4. Você sente que merece ter um bom emprego?
5. O que você mais teme em relação ao trabalho?
6. O que você está "recebendo" dessa crença?

Descreva as pessoas de seu ambiente profissional

Agora, o que você sente em relação às pessoas com quem trabalha hoje em dia? Use dez adjetivos para descrever:

- O chefe
- Os colegas
- Os clientes ou fregueses

Pense na situação econômica

Muitos se inquietam com a conjuntura econômica e acreditam que vão ganhar ou perder dinheiro por causa da situação econômica atual. No entanto, a economia está sempre oscilando, logo, não importam os acontecimentos em nosso entorno, nem as ações de outras pessoas no sentido de mudar a economia. Não faz diferença o que acontece no mundo, só importa o que você acredita sobre si mesmo.

Agora pense no que seria, a seu ver, o emprego perfeito. Largue seus medos relacionados à economia e sonhe em escala realmente grande. Por um momento, veja a si mesmo no emprego. Visualize-se no ambiente de trabalho, veja seus colegas, e sinta como seria fazer um trabalho que fosse totalmente gratificante – recebendo ao mesmo tempo um bom salário. Conserve essa visão e saiba que ela foi materializada em sua consciência.

Abençoar com amor

Abençoar com amor é uma ferramenta eficaz. Comece a usá-la agora, enviando amor e bênçãos com antecedência ao local de trabalho. Abençoe com amor cada pessoa, lugar ou objeto do local. Se você tiver algum problema com um colega, um chefe, um fornecedor ou até a temperatura do edifício, abençoe-os com amor. Afirme que você e a pessoa ou situação estão em paz e em perfeita harmonia.

Na lista a seguir selecione uma afirmação ou crie sua própria afirmação compatível com um problema de seu trabalho, e repita-a muitas vezes. Cada vez que a pessoa ou situação lhe vier à lembrança, repita a afirmação. Elimine a energia negativa de sua mente com relação à essa questão. Você pode mudar a experiência por meio do pensamento.

Afirmações

Estou sempre feliz no trabalho. Minha carreira está cheia de alegria, risos e abundância.

Meu trabalho me permite expressar livremente minha criatividade. Eu ganho um bom dinheiro fazendo aquilo de que gosto.

Sou capaz e competente e estou no lugar perfeito.

Eu ultrapasso o nível de remuneração de meus pais.

Eu sempre trabalho para os chefes mais fantásticos, que me tratam com amor e respeito.

Existe muita clientela para meus serviços.

Gosto do trabalho que faço e das pessoas com quem trabalho.

Eu crio paz em minha mente, e meu ambiente de trabalho reflete isso.

Meu trabalho é reconhecido por todos.

Sinto-me profundamente realizado por tudo que faço.

Minha renda está aumentando constantemente, apesar da conjuntura econômica.

Tudo que eu toco vira um sucesso.

Estou em perfeita harmonia com meu ambiente de trabalho e todos que estão ali.

Meu chefe é generoso e trabalhar para ele é fácil.

Todos no trabalho gostam de mim.

Estou aberto e receptivo a novas formas de renda.

Transformo todas as experiências em oportunidades.

Eu agora aceito uma profissão maravilhosa e gratificante.

Estou totalmente aberto e receptivo para um novo e maravilhoso cargo que use todos os meus talentos e habilidades.

Novas portas estão se abrindo o tempo todo.

Tratamento para dificuldades profissionais

Meus singulares talentos e habilidades criativas fluem através de mim e se expressam de formas profundamente satisfatórias. No mercado sempre há gente que busca meus serviços. Sempre sou solicitado e posso escolher à vontade o que quero fazer. Ganho um bom dinheiro fazendo aquilo que me satisfaz. Meu trabalho é uma alegria e um prazer. Tudo está bem em meu mundo.

Capítulo seis

O trabalho com crianças e problemas de família

No seio das famílias são transmitidos os padrões de crença, porque as crianças são influenciadas pela atmosfera mental das pessoas que as cercam. Geralmente aceitamos o que nossos pais acreditavam sobre coisas como a prosperidade, a saúde, a culpa e o amor. Com frequência, continuamos a levar conosco esses padrões na fase adulta.

Por favor, não veja nisso uma desculpa para ficar ressentido com seus pais e culpar o passado por todos os seus problemas. Essa atitude só o mantém preso a uma mentalidade de vítima. Depois você deixa aos filhos e netos as mesmas crenças que lhe trazem infelicidade. Mas terá a oportunidade de romper o ciclo agora mesmo, se perdoar e abrir mão do passado. Quando você cria harmonia dentro de si, cria harmonia em toda a sua família.

As histórias a seguir retratam algumas das variadas formas pelas quais problemas de filhos e de famílias foram curados ou transformados.

Ajudando os filhos a sair das trevas
Ronald e Miguel, pais adotivos
temporários, Vermont

Somos um casal gay e pais adotivos temporários, e recebemos adolescentes que não conseguiram se adaptar em múltiplas adoções. Quando as crianças chegam a nós, em geral vêm cheias de pensamentos negativos e um desejo de controlar tudo e todos em seu ambiente, o que sempre causa infelicidade. Cada um deles, menino ou menina, foi ferido espiritualmente; portanto, nós valorizamos imensamente a ajuda que Louise Hay nos dá para ajudarmos esses jovens a se curarem.

Todo dia espalhamos os cartões criados por Louise para o conjunto *Power Thought Cards*, e cada um de nós escolhe e lê um deles, como mensagem do dia. Quando saímos em excursões longas, vamos ouvindo no carro as gravações em áudio de Louise, para passar mensagens positivas aos adolescentes. E quando lhes mostramos o DVD do filme *Você pode curar sua vida,* com frequência eles deixam correr as lágrimas e sentem que o filme está lhes falando diretamente. As mensagens de Louise ajudam a reforçar para eles nossa mensagem de que são bons e merecedores, que têm direito ao respeito e à dignidade e que podem, de fato, com uma atitude positiva, atrair coisas boas para suas vidas.

Nós dois constatamos que ao trabalharmos para ajudar esses rapazes e moças a encontrarem a própria cura também estamos curando uma parte de *nós mesmos* cuja necessidade de cura nunca percebemos. Ao ajudar a garotada a aprender a assumir responsabilidade pela própria felicidade, confirmamos para nós mesmos aquela mensagem. E ao ajudá-los a aprender a perdoar o que lhes fizeram os pais, nós nos lembramos de perdoar pessoas de nossas próprias vidas.

O trabalho de Louise tem ajudado a tornar tudo muito mais fácil do que teria sido sem ele. Ela é uma bênção para nossa família e nós a valorizamos imensamente e também ao seu trabalho. Espero que ela saiba que com sua inspiração toca muita gente, e que muitas vidas agora são vividas na luz, em vez de nas trevas.

Afirmações também funcionam para crianças!
Carla, especialista em marketing na internet, Texas

Quando minha filha Haley estava no jardim da infância, várias vezes por semana ela recebia "anotações em vermelho", porque era muito tagarela. Eu lhe dizia que precisava prestar atenção e parar de conversar, mas isso não mudava nada. No segundo ano tivemos o mesmo problema. Usei uma abordagem diferente e ameacei tirar coisas dela, o que tampouco funcionou.

Quando Haley começou o terceiro ano do ensino fundamental, eu fui apresentada à Louise Hay. Eu já tinha sido fã de *O segredo*, de Wayne Dyer e Esther Hicks; no entanto, *Você pode curar sua vida* removeu as viseiras de meus olhos.

Haley começou o ano letivo do mesmo jeito. Depois que ela passou as nove primeiras semanas recebendo comentários de que "falava demais", fui conversar com a professora. Ela me disse que minha filha era apenas sociável e que eu não deveria me preocupar. Explicou que os colegas gostavam muito dela e que Haley não estava fazendo bagunça – só estava correspondendo aos que tentavam merecer sua atenção.

Tal qual minha filha, também sou muito sociável e não desejava recriminá-la por ser quem eu queria que ela fosse. Portanto, elaborei para ela uma afirmação positiva, que repetia constantemente: *Sou uma boa ouvinte*. Imaginei que se ela estivesse pensando em ser uma boa ouvinte, não conseguiria falar e ouvir ao mesmo tempo. Aquilo funcionou – pelo restante do ano letivo ela não recebeu mais anotações em vermelho. Também aprendeu a compartilhar seus pensamentos positivos com os amigos, e me deixou muito orgulhosa.

Acabo de elaborar uma nova afirmação para minha filha. Na primeira série ela foi rotulada de "leitora vagarosa". Professores chegaram a lhe dizer essas palavras. Recentemente, recebi uma carta de uma professora afirmando que Haley receberia ajuda adicional para seu problema de leitura. Respondi à professora explicando a abordagem que adotaria com Haley. Informei à mestra: "Acredito firmemente que a pessoa se torna aquilo que pensa. Depois de passarem anos repetindo isso à Haley, ela sabe que é verdade. O método que estou usando para ajudá-la na escola teve muita eficácia para nós. Se quiser, pode me chamar de maluca, mas isso dá certo para ela e para mim. Portanto, a afirmação positiva que criamos é: *Eu entendo tudo o que leio.*"

Imprimi essa afirmação em papel e em adesivos, que distribuí por todos os lugares de nossa casa – até mesmo dentro da geladeira. Também afixei adesivos em cada caderno e fichário que Haley traz da escola para casa. Em apenas cinco dias minha filha já está expressando mais confiança em sua capacidade de leitura.

Muito obrigada, Louise Hay. Você é maravilhosa.

Um "sonho impossível"
se transforma em realidade
Connie, atualmente em busca
de emprego, Flórida

Em 1990, já com dez anos de casada, eu desejava muito ter filhos. Para mim, o "ter meus próprios filhos" não era uma motivação, já que eu mesmo fui adotada. Minha mãe adotiva também foi adotada e até minha mãe biológica tinha sido adotada. Embora eu considerasse uma bênção ter um filho biológico, transmitir meu DNA não era um motivo especial. Eu simplesmente queria um filho para amar. No entanto, meu marido e eu passamos por diversos revezes em nossas tentativas de adoção e nos sentíamos azarados. Na altura dos 40 anos eu tinha certeza de que meu relógio biológico da maternidade havia parado de funcionar. Então, comecei a ler o livro de Louise Hay, *Você pode curar sua vida.*

Eu tenho fobia de cruzar pontes; daí vocês imaginam a surpresa de minha família quando voei sozinha para a Romênia, sem conhecer ninguém no local. Mas Louise Hay tinha me ajudado a cumprir meu destino, quando instintivamente eu soube que uma criança estava esperando por mim naquele país. Eu ouvia todas as noites um dos áudios de Louise. Toda noite, quando eu fechava os olhos no minúsculo apartamento que dividia com pessoas que não falavam inglês, era a voz dela que me ajudava a enfrentar o perigo e o desespero.

Pouca gente consegue imaginar o que eu via durante o dia: bebês morrendo de Aids; crianças de rua implorando comida; orfanatos imundos, gelados, inabitáveis, para crianças deficientes; soldados em tanques enfrentando manifestações de pessoas desarmadas em busca da liberdade. Percebi que nós no "mundo civilizado" aceitamos muitas coisas como ponto pacífico. Mas imaginem minha alegria quando encontrei de fato o bebê que estava esperando por mim... e então voltei para casa e repeti tudo alguns anos depois.

Hoje em dia, as duas crianças nascidas na Romênia que meu marido e eu adotamos são adultas. Nosso filho superou muitos problemas, tais como dificuldade de adaptação e subnutrição grave. No oitavo ano, os chamados especialistas disseram que as lesões sofridas por ele no cérebro não lhe permitiam aprender a ler ou completar o ensino médio. Pois bem, seu sucesso ultrapassou todas as expectativas deles: meu filho passou com louvor em inglês, física e em álgebra 2 no último ano; e não só se diplomou como ainda ganhou uma bolsa parcial para estudar na universidade. Foi escolhido para servir nas Forças Armadas antes de continuar sua formação. Nossa filha também enfrentou muitas dificuldades, mas agora ela trabalha em dois empregos, enquanto cursa a faculdade em tempo integral e tem notas excelentes.

Agradeço à Louise por me incentivar. As palavras dela possibilitaram que duas crianças tivessem um lar num lugar onde muitos sonhos se realizam: Orlando, Flórida. Ajudar as pessoas a curarem o passado e possibilitar a realização de sonhos impossíveis é o que Louise faz de melhor, fato que eu, sem dúvida, posso atestar.

Um ato de fé de uma família
Nancy, instrutora de inglês como segunda língua, Alemanha

Aprender a criar saúde, felicidade e satisfação na vida foi um milagre para nossa família – e creditamos tudo isso à Louise Hay. Pouco depois do nascimento de meu segundo filho adoeci por contaminação de diversos vírus e infecção bacteriana. Quando parecia que finalmente estava recuperando minhas forças, eu tinha outra infecção e pegava mais um resfriado, ou sofria de erupções cutâneas no rosto inteiro e no peito. Durante esse período continuei a trabalhar em meio expediente em dois empregos diferentes, enquanto meu marido trabalhava à noite. Raramente nos víamos e nos sentíamos exaustos o tempo todo, mas ainda assim achávamos que as coisas estavam sob controle.

Quando finalmente me cansei de ficar doente o tempo todo, procurei um médico alternativo para orientação. Entre outras coisas, recebi a instrução de ler o livro de Louise, *Cure seu corpo*, que então me levou a ler *Você pode curar sua vida*. Felizmente meu marido e eu somos "abertos" a esse tipo de livro – que ele lê em alemão, sua língua nativa, e eu leio em inglês. As ideias de Louise nos pareceram lógicas, e começamos a colocá-las em prática. Uma das primeiras afirmações que tentamos foi para ajudar nosso filho mais velho com uma tosse que parecia atormentá-lo continuamente à noite. Meu marido passou uma noite deitado ao lado do menino, que ele acalentava enquanto repetia uma versão simples das frases de Louise. Foi espantosamente fácil e funcionou: nosso filho caiu num sono tranquilo e a tosse desapareceu sumariamente e nunca mais voltou.

Dali em diante, nossa vida sofreu muitas mudanças. Meu marido e eu fizemos muitos exames de consciência, meditando e perdoando. Em um prazo aproximado de seis meses eu estava me sentindo mais saudável; meu marido estava trabalhando num novo emprego, mais adequado aos horários de nossa família, e os dois olhávamos para a vida com mais compaixão, compreensão, paciência e amor. As ideias de Louise também se tornaram uma grande parcela da educação de nossos filhos. Preparei para cada um deles sua própria gravação em áudio de afirmações pessoais adequadas a cada idade e personalidade; e embora eu tenha gravado essas fitas há muitos anos, eles ainda as escutam à noite antes de dormir. Nós ouvimos as ideias de Louise saírem de suas bocas quando eles dizem: "Minha afirmação é: *Eu agora estou me saindo melhor na escola*" ou "Eu mudei meus pensamentos quando [uma situação] não estava funcionando como deveria".

Sempre há novos desafios a enfrentar, mas minha família se sente mais equipada para encará-los, em consequência de tudo que aprendemos com Louise. Nossa opção de adaptar as crenças dela às nossas vidas foi um ato de fé que realmente nos deu um milagre. Nós a amamos e não temos como lhe agradecer suficientemente.

Minhas duas mães
Carolyn, diretora de um centro de formação holística sem fins lucrativos, Virgínia

Fui criada num lar muito instável e abusivo, com pais alcoólatras. Depois que meu pai cometeu suicídio, aos 42 anos, eu pensei ingenuamente que agora que ele havia desaparecido o alcoolismo de minha mãe também desapareceria. Infelizmente, ela começou a beber ainda mais. Por ser eu a filha mais velha, assumi responsabilidades ainda maiores por minha mãe e meu irmão.

Alguns anos depois, após eu ter saído de casa e tocado minha vida, mamãe com frequência me telefonava num estupor de embriaguez para me dizer que ia meter a cabeça no forno de gás. Eu ainda desejava que ela fosse feliz, mas entendi que ninguém, só *ela* mesma, poderia lhe dar alegria. Argumentei que ela poderia continuar fazendo a cena do forno ou, então, poderia vir ficar comigo e me deixar ajudá-la a restaurar a própria vida. Ela escolheu essa última possibilidade, e por fim acabou numa casa de acolhida para mulheres alcoólatras, onde passou um ano de sobriedade. Mamãe conseguiu "cumprir a pena", mas nossa relação sofreu por causa do ressentimento que ela descarregou em mim.

Lembro de um telefonema de minha mãe que me deixou tão irritada que ergui as mãos ao céu em desespero e pedi a Deus que me ajudasse. No dia seguinte, fui presenteada com um vídeo de Louise Hay – e depois de assisti-lo soube que ela era minha mestra. Depois de frequentar dois de seus cursos intensivos de dez dias na Califórnia, voltei para casa e comecei um "círculo de cura" que por seis anos se reuniu toda semana. Durante aquele período transmiti a filosofia de vida de Louise a centenas de pessoas, e foi sensacional.

Segui Louise a muitos lugares, até a Holanda e a Austrália, levando gente comigo para ouvi-la falar e apresentar outros excelentes autores motivacionais. O círculo de cura então se transformou numa organização sem fins lucrativos que fundei e da qual sou presidente. Louise e eu de fato nos tornamos amigas, e tive a oportunidade de partilhar essa mulher fascinante e suas histórias com infinidades de homens e mulheres que optaram por mudar suas vidas.

Minha própria vida e atitude foram transformadas porque escolhi aplicar as filosofias simples de Louise. Com esse objetivo, minha mãe e eu finalmente fizemos as pazes, alguns anos antes da morte dela, o que foi extremamente regenerador para as duas. Passei a verdadeiramente conhecer, amar, entender e perdoar meus pais, além de ver as lições maravilhosas que eles vieram me ensinar.

Sempre tive a sensação de ter sido abençoada com duas mães: a que me mostrou as lições que eu fui trazida aqui para aprender e a outra, que me ensinou a me curar. Deus lhe abençoe, mamãe! E Deus abençoe Louise! Obrigada por tudo!

O milagre da concepção
Maria, profissional da área de comunicações, México

Sou uma pessoa que tem muita felicidade e muita sorte. Descobri Louise Hay por volta de 2001, e também achei uma forma inteiramente nova de viver; além de conseguir muitas ferramentas poderosas. Mesmo tendo conhecimento prévio, por intermédio de outros autores, sobre metafísica e o poder das afirmações, a filosofia de Louise realmente bateu fundo em mim. Eu usei muitas afirmações retiradas dos livros de Louise e até comecei um programa de afirmações para minha filhinha Renata, que tinha nascido em 2000.

Tive muita dificuldade em engravidar novamente. Em 2004, depois de tentar seis meses, meu marido e eu resolvemos consultar um médico, que nos receitou terapia hormonal. Também tentamos três inseminações artificiais, mas nada acontecia. Disseram-me que eu precisava fazer uma cirurgia exploratória para ter certeza de que não tinha aderências no útero. Concordei em fazer o procedimento; depois de me darem anestesia geral e furarem três buracos em meu corpo, os médicos disseram que eu era saudável. Tentamos uma quarta inseminação, e, novamente, nada aconteceu.

Em dezembro de 2006, desisti de continuar tentando. Eu disse a mim mesma: *Há anos venho criando tudo o que quero ou preciso nesta vida, mas agora não estou conseguindo. Deus está mandando uma mensagem clara: devo parar e analisar o que está acontecendo dentro de mim. Preciso saber como criei esse problema.*

Àquela altura eu já tinha começado a fazer terapia, numa tentativa de mergulhar fundo em meu íntimo. Em janeiro de 2007, fiz o workshop "Cura Milagrosa", que era, principalmente, um programa de exercícios mentais. Foi ali que descobri sobre o CD de Louise, *Meditations For* [Meditações para a cura]. Eu moro em Monterrey, no México, e aqui nós não temos muitos dos materiais de Louise; por sorte consegui comprar pela internet o CD.

Pratiquei durante dois meses o que está no CD. Tentei permanecer no fluxo. Fiz uma lista de afirmações retiradas do livro de Louise, *Você pode curar sua vida*. Disse a mim mesma que se Renata fosse a única filha que eu deveria ter, tudo bem. Mas, em 21 de março de 2007, descobri que estava grávida; Rodrigo nasceu em 11 de novembro e é um homenzinho muito alegre. Eu me sinto muito abençoada.

Tenho absoluta certeza de que minhas afirmações e meditações curaram o que estava errado comigo. Estou convencida a tal ponto de que a filosofia de Louise funciona que desejo dividi-la com todos, e planejo obter este ano o certificado do Treinamento de Líderes do método Louise Hay.

Uma filha aprende enfim a perdoar
Lynn, professora do ensino médio, Califórnia

Passei a vida tendo problemas com minha mãe. Ela era crítica, controladora e superprotetora; consequentemente, fiquei com medo de tudo. Algumas vezes tentei me desvincular dela, até mesmo saindo do país, mas sempre voltava, procurando sua aprovação. Jamais conseguia obtê-la, tampouco seu apoio. Durante a infância e a adolescência, toda vez que lhe expunha um problema meu, ela sempre tomava o partido do adversário dizendo que estava "representando o advogado do diabo". O tempo todo eu tinha a impressão de que havia algo errado comigo por estar me sentindo daquela forma, ou por estar pensando o que pensava.

Tentei dizer a mim mesma que minha mãe estava se esforçando ao máximo, mas comecei a ter ressentimento dela (e de mim) porque não conseguia lhe expor meus sentimentos. Amigos insistiam em que a confrontasse, mas nunca fui capaz disso. Eu me limitava a fechar a boca enquanto ela falava, e ficava esperando que se calasse. Depois me casei com um homem que me tratava da esma maneira. No casamento, eu não existia – ele não estava interessado no que eu sentia em relação às coisas, só queria uma mulher que concordasse com o que ele queria. Sempre que eu conseguia me expressar, ele ficava ainda mais mandão. E, no entanto, fiquei com ele 23 anos!

Enquanto eu era submetida a um tratamento para câncer de mama, uma pessoa amiga me deu livros do dr. Bernie Siegel e de Louise Hay. Eles abriram um mundo inteiramente novo, e eu lia os livros sem parar. Finalmente consegui reunir força para deixar meu marido. Toda vez que me sentia assustada ou inadequada, repetia as afirmações sugeridas por Louise; e mesmo estando apavorada, fiquei surpresa de me descobrir perfeitamente capaz de tomar conta de mim mesma e de meu filho.

Encontrei um CD de meditação que Louise gravou para ajudar o indivíduo a perdoar aqueles com quem tem problemas nesta vida. Precisei ouvir a gravação algumas vezes, até ser capaz de perdoar de fato minha mãe. Não dava para acreditar, mas depois de ouvir Louise e seguir suas instruções, eu me sentia calma e serena. Já não estava zangada. Depois disso, consegui falar sem rodeios com minha mãe, quando era preciso, e, para minha surpresa, ela me ouvia. Acabamos ficando mais próximas e ela começou a me respeitar. Recentemente, minha mãe morreu, e eu consegui lamentar sinceramente sua morte. Estou muito grata à Louise, já não consigo imaginar passar o resto da vida me sentindo culpada por não ter perdoado minha mãe, e sem nunca mais poder dizer a ela que a amava.

Transformando minha vida...
e salvando a do meu filho
Michele, financiadora sênior, Wisconsin

É uma honra ter a oportunidade de escrever sobre uma mulher que eu considero "a" curadora mundial, devido às suas palavras sábias e profundas que transformam muitas vidas. Acredito que ela foi designada para ensinar a graça Divina da cura.

Começarei explicando como Louise Hay entrou em minha vida. Meu corpo sofreu um colapso físico e depois de buscar a assistência clínica de numerosos médicos (que não fizeram nada) implorei ao céu que me mostrasse como curá-lo. Eu estava no auge do desespero quanto alguém me apresentou o livro *Você pode curar sua vida*. O que aconteceu enquanto eu lia esse livro revolucionário foi miraculoso. Louise foi a "médica" de que eu precisava, e depois disso se transformou para mim numa mentora que me ensinou a verdadeiramente ver, sentir e experenciar a vida. O que eu aprendi na universidade não foi nada, se comparado ao conhecimento que recebi por meio dos ensinos milagrosos de Louise. A filosofia dela devia ser um requisito nas escolas de hoje. Imaginem se as crianças fossem criadas com mensagem de amor à vida!

De que maneira Louise tocou minha alma e me permitiu transformar minha vida em milagres de saúde? Ora, a sabedoria dela me ensinou o poder do momento presente. Até ela mostrar o caminho, eu não tinha compreensão desse poder. Essas palavras me iluminaram a capacidade de pensar: *É só um pensamento, e pensamentos podem ser mudados.* Descobri o jeito de me amar e de me aprovar exatamente como sou. Transformei meu mundo por meio do uso diário de afirmações ao espelho. Eu perdoei a vida, as pessoas e as circunstâncias; e fui libertada.

Depois de rotineiramente aplicar várias vezes as lições e afirmações de Louise, isso se tornou um meio de vida. A dádiva de autoapreço que aprendi não só me transformou, como ainda salvou a vida do meu filho. Quem diria que enquanto eu aplicava a abordagem de Louise à minha própria cura sua sabedoria estava me preparando para meu maior desafio.

Quase ao final da minha trajetória de cura, meu filho foi diagnosticado como "paciente terminal", em razão de numerosos tumores cerebrais. A antiga Michelle não teria sabido como curá-lo; a Michelle que despertou para a vida sabia que dentro desse trauma havia uma dádiva, e que os recursos para salvar a vida dele me seriam mostrados. Por meio de medicações inovadoras de quimioterapia e da abordagem de Louise pude guiar meu filho de volta à saúde com puro amor, fé e constantes afirmações diante do espelho.

Minha mais profunda gratidão a você, Louise, hoje e sempre. Que nos anos vindouros você continue a abençoar o Universo com sua presença amorosa.

Milagre do coração
Sampoorna, psicólogo e terapeuta, Índia

Na minha profissão, passo o tempo todo ouvindo falar de transformação pessoal. Embora as "histórias das pessoas" sejam, sem dúvida, inspiradoras, a que contarei é diferente. Nessa, Louise Hay cria um milagre para um cão, na Índia.

Aos 11 anos de idade, Manav queria muito ter um cachorrinho. Depois de meses de persuasão, os pais concordaram com relutância, e um filhote de *setter* irlandês chamado Flurry entrou na casa deles. Um ano depois a mãe do garoto, Geetha, ficou estressadíssima porque o cãozinho estava muito doente e teria que ser sacrificado sem demora. Manav ficou tão desesperado que faltou às aulas na escola para passar todo o tempo possível com Flurry, fotografando o animal com o celular da mãe para guardar na memória seu amigo bem-amado.

Geetha e o marido, Prakash, conheciam o trabalho de Louise Hay por intermédio do workshop "Love Yourself, Heal Your Life". Antes de tomar a dolorosa decisão sobre o cachorrinho, Geetha pôs a tocar repetidas vezes, por dois dias, o CD de Louise *Stress-Free* [Livre do estresse], em seu quarto de dormir, onde Flurry estava deitado e imobilizado. Ela ficou bombardeando o animal com afirmações, sem intervalo, e a família, inundando de amor o cãozinho. Quando Geetha e eu nos falamos, ela resolveu esperar mais uns dias antes de submeter Flurry à eutanásia. Afinal, e se ele se recuperasse? Então a voz de Louise continuou a falar com o animal durante todo o angustiante período.

Nem preciso dizer que a história teve um final feliz. Não demorou muito para o imobilizado cãozinho começar a se mexer e ficar curado. Tão logo ele começou a comer de novo, recuperou-se com extraordinária rapidez. Hoje o animal está se desenvolvendo e fica saltitando saudável, vigoroso e totalmente integrado em sua amorosa família. E todos eles se sentem gratos por esse vínculo.

Depois que Flurry se recuperou, Geetha notou as fotografias que o filho havia tirado no celular dela. Ele havia feito quatro fotos consecutivas de seu cão na mesma posição – e a mãe reparou que numa delas aparecia ao fundo um coração de luz. Como a imagem só aparece em um dos retratos, está provado que o coração não era reflexo de algum objeto. A voz de Louise e sua mensagem de amor se infiltraram por todas as barreiras de raça e idioma para curar Flurry. É sintomático o fato de que a luz brilhasse na mesma forma do próprio símbolo de Louise, um coração.

Viva o milagre do amor!

Pequenas mudanças, grande impacto
Terrie, cuidadora infantil, Califórnia

Há anos trabalho para a empresa Head Start como cuidadora infantil; no dia-a-dia, minhas experiências têm sido extremamente enriquecedoras e revolucionárias.

Já participei de muitos seminários de treinamento sobre como trabalhar com crianças, mas houve um em particular que mudou minha vida. Fui apresentada aos ensinamentos de Louise Hay e aprendi até que ponto o pensamento e o discurso positivos exercem um impacto sobre as crianças. Comecei a dizer a elas coisas como "Você deve sentir muito orgulho de si" em vez de "Estou muito orgulhosa de você" e a lhes dizer com mais frequência a palavra "sim".

Aprendi que o simples fato de dizer de um jeito positivo o nome e o sobrenome de uma criança pode ser um instrumento de mudança especialmente poderoso. As crianças estão de tal modo habituadas a ouvir "Michel Smith, venha aqui agora mesmo!" que as afirmações do tipo "Estou muito feliz de que você tenha vindo hoje, Michael Smith" exercem um profundo efeito, tanto sobre a criança quanto sobre mim. Por anos a fio ouvi muitos pais dizerem que essas coisas aparentemente pequenas mudaram a maneira de pensar de seus filhos. É muito gratificante ver o que a atitude positiva pode fazer pelas pessoas de qualquer idade.

Louise, eu trabalhei a vida inteira para proteger as crianças; portanto, admiro de verdade todo o seu magnífico trabalho!

Minha vida real
Chantale, em busca de emprego, Canadá

A primeira vez que deparei com *Você pode curar sua vida* foi no começo da minha adolescência. Lembro-me de que li o livro com um sorriso no rosto, pensando *Tudo bem, mas esse lance todo é muito pirado!*

Alguns anos se passaram e eu me vi diante de uma só opção: era viver ou me matar. Tinha chegado a essa situação em consequência de problemas familiares muito graves. Para resumir: meu pai foi embora quando eu tinha 4 anos, e minha mãe e eu fomos viver com minha avó, que gostava de me dizer que eu não valia nada e era um fracasso. Minha mãe nunca me defendia, porque não queria criar sozinha uma filha. Sempre que minha avó me insultava, ela fingia que não estava percebendo. Então, o príncipe encantado chegou à vida de minha mãe e prometeu cuidar de nós. Esse "salvador" revelou-se um obcecado por sexo, que trabalhava dia e noite e adorava beber vinho tinto; e a filha dele, por ciúme, passou anos me agredindo freneticamente. Novamente, minha mãe fingia que não estava vendo.

Foi nessa altura que Louise Hay entrou de novo em meu caminho, e dessa vez eu estava pronta para ouvir o que ela tinha para me dizer. Suas afirmações positivas realmente despertaram uma emoção em mim, e eu as coloco por escrito em toda parte. Também sou grande fã de seu trabalho no espelho, que me ajudou a obter muitas curas em minha vida. Hoje eu me sinto forte, limpa, serena e calma – e, finalmente, tenho um pouco de respeito próprio e autoestima.

Nunca sofri de doença fatal e nunca perdi ninguém; logo, como isso poderia ser um milagre? Ora, considerando o ponto a que eu tinha chegado pouco antes, é óbvio que sem Louise eu agora estaria morta. Ela devolveu minha verdadeira vida, e por isso lhe sou muito grata.

Novos padrões de pensamento para mãe e filha
Bárbara, escritora, Flórida

Ela só tinha 7 anos de idade, mas a dor de ouvido a atormentava. Cada vez que eu telefonava à minha filha, ouvia mais uma história de que minha neta tinha passado a noite gritando. Isso não é normal, pensei. E a primeira reação que tive foi pegar meu exemplar agora surrado do livro de Louise Hay, *Você pode curar sua vida*. Enquanto lia o que Louise tinha escrito fui concordando com tudo, e depois agradeci. Acontece que a causa provável das dores de ouvido é a raiva, e essa raiva pode vir de "tumulto excessivo no ambiente" ou de "brigas dos pais".

Como era possível Louise saber? Ela havia acertado em cheio. Havia anos que minha filha e meu genro andavam brigando, mas ela não queria se divorciar. "Vai prejudicar as crianças", era o que me dizia. "Acho melhor eles terem mãe e pai. Eu detestei você e papai terem se divorciado."

Telefonei imediatamente à minha filha e lhe disse: "Tenho ótimas notícias. Confie em mim, sei o que vai funcionar." Enfatizei a importância de que toda noite, na hora de dormir, imediatamente depois da oração noturna, ela se sentasse com minha neta para fazê-la repetir o "novo padrão de pensamento" sugerido por Louise.

Nem preciso dizer que passei a semana telefonando toda manhã para encorajá-la (e, sim, admito, para ter certeza de que as palavras de Louise estavam sendo usadas). Suspirei aliviada quando ouvi dizer que minha neta estava adormecendo enquanto repetia seu novo padrão de pensamento, e que também o estava dizendo ao despertar pela manhã.

Depois daquela primeira semana, parei de dar meus telefonemas matinais de controle, na certeza de que a técnica de Louise estava funcionando. Mas, passadas três semanas, pensei: *Hmm... Ultimamente não tenho ouvido falar de dor de ouvido. Acho bom conferir o que está acontecendo.*

Imaginem a alegria que senti quando minha filha me disse: "Mãe, é um milagre. Ela não teve nenhuma crise em semanas. Eu não tinha percebido que nossas discussões estavam prejudicando tanto nossa filhinha. Você vai adorar a notícia de que, agora, tenho meu próprio exemplar de *Você pode curar sua vida*. Ah, e vai vibrar com essa: outro dia, dei uma topada e machuquei o dedão do pé; então, disse a mim mesma: nisso aqui há uma mensagem. Pode acreditar que agora meu mantra da manhã e da noite é: *Todos os detalhes cuidam de si mesmos.*

"Muito obrigada, mãe. Eu amo você e amo Louise."

O poder de perdoar e finalmente esquecer
Carmen, corretora de imóveis, Califórnia

Em março de 2008, minha mãe foi diagnosticada com linfoma. Em cinco meses ela adoeceu rapidamente e perdeu mais de 13 quilos. Comprei para ela *Você pode curar sua vida*; quando ela enfraqueceu demais para ler sozinha, eu lia em voz alta para ela. Mamãe teve uma vida difícil, e eu ficava lhe lembrando que todo o sofrimento e o rancor que tivesse guardado no coração ao longo da vida ela precisava forçosamente soltar *aqui* e *agora*. Enquanto me esforçava arduamente para lhe erguer o ânimo, eu enfatizava a importância de que ela abrisse mão das dores do passado.

Seis meses depois conseguimos uma casa de repouso – o tratamento que tinha sido recomendado para ela tinha efeitos colaterais sérios, e o restante da família e eu resolvemos não submetê-la a tanto sofrimento aos 82 anos. No entanto, não renunciamos a ela e continuamos a alimentá-la com muitos pensamentos positivos e muitas risadas. Valeu a pena o esforço, já que mamãe agora está cantando e dançando, de volta ao seu estado normal.

Um dia ela entrou em meu quarto e disse: "Você sabe, eu finalmente perdoei todo o mal que sofri, e me livrei dele. Tudo me parece ótimo, nem mesmo penso mais naqueles maus momentos." Isso foi uma grande vitória para quem sempre dizia "Perdoo, mas não posso esquecer nunca". Eu costumava lembrar a ela que se não conseguisse esquecer, então não poderia perdoar de verdade. Pois bem, ela finalmente perdoou!

Enquanto escrevo isso, já se passaram dez meses desde que minha mãe recebeu o diagnóstico. O que todos nós pensávamos que seria um ano-novo cruel começou com uma perspectiva radiante. Mamãe está novamente feliz e em paz.

Louise, nem posso lhe dizer a importância que você teve para a cura de minha mãe – sei que ela foi muito inspirada pelo modo como você mesma derrotou o câncer. Muito obrigada por suas palavras maravilhosas, que encerram toda a verdade de que precisamos para sobreviver, seja o que for que a vida nos traga. Minha família e eu estamos tendo momentos maravilhosos com mamãe... graças a você!

Do desespero aos milagres
Dixie, defensora de crianças e incapacitados, escritora, mãe de oito filhos, Massachusetts

Uma coisa que aprendi por meio dos textos de Louise Hay é que se as pessoas reagirem com pensamentos otimistas e afirmações positivas diante dos obstáculos da vida, estes poderão acabar trazendo paz, cura e esperança.

Descobri essa verdade em 2001, quando Paul, meu filho de 13 anos, foi atropelado por uma caminhonete. Ele recebeu extrema-unção e passou oito semanas em coma. Quando finalmente abriu os olhos, continuou hospitalizado durante meses, enquanto aprendia de novo a caminhar, falar e realizar os atos básicos da vida. A lesão cerebral traumática que sofreu mudou para sempre a vida dele e a vida de seus sete irmãos.

Nossa família poderia ter reagido com raiva, desalento e medo; em vez disso, optamos por viver segundo as palavras de Louise. Em vez de nos entregarmos ao desânimo, começamos a pensar (e viver!) positivamente, o que acabou por nos dar esperança. Paul se curou o suficiente para não precisar mais da cadeira de rodas e, depois, do andador. Por fim, conseguiu dar os passos que os médicos haviam julgado impossíveis, e até caminhou sem ajuda até o palco, para receber o diploma do ensino médio.

Louise nos lembra que nós podemos mudar nossa atitude sobre as coisas negativas da vida e as circunstâncias imprevisíveis, se reagirmos, pensarmos e escolhermos retribuir de forma positiva ao Universo, a cada momento do dia. Foi por isso que quatro anos depois da lesão cerebral traumática, quando Paul recebeu diagnóstico de leucemia, a família mais uma vez entrou no padrão do pensamento positivo. Vestimos a armadura da fé, da perseverança e da determinação – e lançamos sobre ela um senso de humor e profusões de amor – para ajudar a família a vencer a batalha seguinte. Graças à leitura dos livros de Louise e a colocação em prática de seu modo de viver e de pensar, conseguimos lidar com a situação. Por sorte, um dos irmãos de Paul era compatível como doador de medula para um transplante. Embora meu filho tenha passado mais alguns anos em hospitais, isolamentos e tratamentos de câncer, ele e nossa família acabaram sobrevivendo.

Hoje em dia Paul está livre do câncer. Agora a família ajuda outras que estão passando pelos horrores da lesão cerebral traumática e do câncer infantil, aumentando a consciência, a esperança e captando recursos para pessoas que estão enfrentando enormes dificuldades em suas vidas. Meu filho é uma força positiva, exatamente como Louise – ele também está ajudando a mudar para melhor a vida de outras pessoas. Por meio das agruras que passamos, nós aprendemos uma forma construtiva de pensar: nunca damos por garantido um momento ou alguém; vivemos cada dia com alegria, gratidão e esperança.

Nós estamos sinceramente gratos a você, Louise!

Como fazer o trabalho com Louise

Você não pode forçar seus filhos a serem o que você deseja. Você não pode forçar a mudança do cônjuge, dos pais, dos filhos ou de qualquer outra pessoa – mesmo que suas ações sejam bem-intencionadas. Você é a única pessoa a quem você pode mudar. No entanto, basta que uma pessoa no lar comece o trabalho de amar a si mesma para a harmonia se espalhar pela família toda.

Se alguma coisa em sua família está lhe causando infelicidade, talvez seu foco esteja maldirigido. Tente dirigir sua atenção *para dentro*. Abra mão das crenças que já não servem mais, as que estão impedindo você de vivenciar a autoestima. Seja um exemplo para os filhos, a família e as pessoas de seu ambiente.

Esses exercícios ajudarão a resolver qualquer de seus problemas referentes à família. Escreva as respostas numa folha de papel ou em seu diário.

Sentimentos em relação à sua família

Pense em três acontecimentos de sua vida nos quais sentiu que a família maltratou ou abusou de você. Alguém traiu sua confiança ou abandonou você em momento de grande necessidade? Em cada caso, escreva o que aconteceu e anote os pensamentos que teve antes da ocorrência.

Agora pense em três ocasiões de sua vida em que *recebeu ajuda* da família. Talvez alguém tenha ajudado você num período de aflição, ou lhe emprestado dinheiro quando num aperto financeiro. Explique o ocorrido e anote os pensamentos que teve antes do fato.

Você observa um padrão em seu pensamento?

Reescrever o passado

Por um momento, recorde-se de sua infância. Complete com franqueza e honestidade as seguintes afirmativas:

1. *Minha mãe sempre me fez...*
2. *O que eu realmente queria dizer era...*
3. *O que minha mãe realmente não sabia era...*
4. *Meu pai me disse que eu não deveria...*
5. *Se meu pai soubesse que...*
6. *Quem me dera eu pudesse ter contado ao meu pai que...*

Agradecimento e perdão

Quem foi o parente que você se esqueceu de reconhecer ou de valorizar? Reserve um momento para visualizar essa(s) pessoa(s). Imagine-se olhando cada uma delas nos olhos e dizendo: *"Eu lhe agradeço e abençoo com amor por ter me ajudado quando precisei de você. Que sua vida seja repleta de alegria."*

Existe alguém a quem você precise perdoar? Reserve também um momento para visualizar a(s) pessoa(s). Olhe-a nos olhos e diga: *Eu o perdoo por você não ter agido como eu queria. Eu perdoo e liberto você.*

Para soltar

Agora pense em algum parente com quem você tenha problemas não resolvidos. Você está se agarrando a velhos sentimentos de raiva, mágoa ou ressentimento? Escreva uma carta a essa pessoa. Faça uma lista de suas queixas e explique como se sente. Procure se expressar de verdade, e não guarde nada.

Quando acabar de escrever a carta, leia-a uma vez, dobre-a e escreva em cima dela: *"O que eu realmente quero é seu amor e sua aprovação."* Depois queime a carta e liberte-se dela.

Autoestima e família

Vamos examinar o problema de autoestima em relação à sua família. Responda da melhor forma possível as perguntas a seguir. Depois de cada uma, diga uma ou mais das afirmações positivas que se seguem, para neutralizar a crença negativa.

1. Você sente que merece ter laços familiares fortes e relações afetuosas?
2. O que você mais teme em relação a se aproximar de sua família?
3. O que você está "recebendo" dessa crença?
4. O que você teme que aconteça se abrir mão dessa crença?

Afirmações

Eu contribuo para uma vida familiar unida, amorosa e pacífica. Tudo está bem.

Aceito meus pais, e eles, por sua vez, me aceitam e me amam.

Sou um exemplo positivo para meus próprios filhos. Nós nos comunicamos e nos amamos livremente.

Todas as minhas relações são harmoniosas.

Sou aberto e receptivo a todos os pontos de vista.

*Todos em minha família, inclusive eu, estão se esforçando
ao máximo.*

Estou disposto a perdoar o passado.

Para mim é seguro ultrapassar as limitações dos meus pais.

*À medida que abandono toda a crítica, as pessoas críticas
saem de minha vida.*

*Para mim é seguro me tornar um adulto. Agora conduzo
minha própria vida com alegria e desenvoltura.*

*Tenho com cada um de meus parentes uma comunicação
maravilhosa, terna, efusiva e aberta.*

Vejo o melhor em cada um, e eles reagem da mesma forma.

Minha família é amorosa e apoiadora.

*Envio pensamentos reconfortantes a todos e sei que esses
pensamentos estão voltando para mim.*

*Eu irradio aceitação, e sou profundamente amado pelos
outros.*

*Eu perdoo meus pais. Sei que eles fizeram o melhor traba-
lho que puderam.*

*Eu sou honesto com minha família. Quanto mais honesto
sou, mais sou amado.*

Perdoar e abrir mão conferem poder.

*Não há certo nem errado. Eu me afasto de todo sentimento
de crítica.*

*Para mim é seguro ser aberto comigo mesmo e com minha
família.*

Tratamento para problemas de filhos e famílias

Eu peço para mim uma família alegre e amorosa.
Abençoo cada parente com amor. Todos nós
estamos nos esforçando ao máximo a cada
momento. Escolho abrir meu coração ao amor,
à compaixão e à compreensão para descarregar
todas as lembranças de sofrimentos passados.
Só admito em meu mundo pessoas que me deem
apoio e me cultivem. Minha vida está repleta de
amor e alegria. Essa é a verdade de meu ser, e eu a
aceito como tal. Tudo está bem em meu mundo.

Capítulo sete

Aprendendo a amar

É maravilhoso vivenciar o amor romântico. No entanto, o amor mais importante que podemos o alcançar é o amor-próprio. Amar verdadeiramente a si mesmo é ter um profundo apreço por aquilo que se é, inclusive o que consideramos nossos "defeitos". Infelizmente muitos de nós nos recusamos a nos amar enquanto não houvermos atingido algum objetivo tolo que nos impusemos, tais como perder peso ou ganhar muito dinheiro. Esses objetivos são só uma distração, que mascara a verdadeira carência de nossas vidas. No fim das contas, não conseguiremos manter um relacionamento saudável com outras pessoas se não tivermos conosco relações saudáveis e afetuosas.

Espero que depois de ler as histórias seguintes você comece a amar um pouquinho mais a si mesmo.

O poder do amor
Stacey, assistente executiva/administradora de contratos, Califórnia

"Você precisa amar a si mesma para que os outros a amem ." Toda vez que ouvia esse ditado eu me arrepiava, pois desde muito pequena sabia que não era nada atraente.

Meu pai abandonou minha mãe quando eu tinha 4 anos de idade; naquele mesmo ano, ela tentou suicídio. Meu irmão, minha irmã e eu fomos mandados para a casa de meus avós, onde ficamos enquanto mamãe se recuperava num hospital psiquiátrico. Um ano depois fomos mandados de volta para morar com ela, que ainda não estava estável o suficiente para cuidar dos filhos. Começou a beber e a usar drogas – e como a maioria das crianças que são criadas por dependentes de drogas, nós fomos malcuidados e expostos a situações pelas quais as crianças nunca deveriam passar.

Eu achava que quando começasse a frequentar a escola ficaria diariamente segura durante algumas horas. Infelizmente, por ser pobre, ruiva, sardenta, eu era provocada e tratada como se fosse deformada. No Dia dos Namorados todas as crianças da turma trocavam cartões, e todos ganhavam presentes, menos eu. Toda noite, deitada em minha cama, eu pedia a Deus que me fizesse bonita para poder ser amada.

Tornei-me uma mulher atraente, e então, em vez de provocações, passei regularmente a ouvir elogios à minha beleza... mas isso não importava, porque eu ainda me sentia feia por dentro. Graças à minha pouca autoestima tomei algumas decisões típicas de muita gente que não se ama. Eu bebia um pouco mais do que deveria, escolhia homens que não eram bons para mim e deixei passar algumas fantásticas oportunidades.

Um dia uma amiga me deu de presente um exemplar do livro *Você pode curar sua vida*, julgando que tal leitura me ajudaria. Depois de ler, comecei a dizer afirmações para neutralizar meus pensamentos negativos e o medo residual. Para mim não foi fácil, porque tinha passado a vida inteira amedrontada – tinha medo de perder o que possuía ou de não conseguir o que queria. Mas continuei a fazer as afirmações.

Vamos avançar no tempo uns dez anos. Enquanto procurava emprego, eu ficava repetindo para mim mesma a afirmação: *Tenho um trabalho que adoro, e segurança financeira.* Eu nunca havia procurado trabalho na internet, mas agora tinha sido orientada a fazer isso. Acabei sendo entrevistada para uma função que se revelou perfeita para mim: assistente-executiva da presidência da Hay House, que foi fundada por Louise Hay.

Há quase oito anos trabalho na Hay House, o que tem sido uma verdadeira bênção. Tenho um emprego que amo profundamente, além de segurança financeira. Recentemente, comprei uma casa e estou até plantando uma roseira Louise Hay no jardim. Não sou mais a garotinha que não ganhava presente no Dia dos Namorados – tenho amigos maravilhosos, sou saudável e feliz.

Sou extremamente grata por tudo que Louise me ensinou. Agora posso dizer honestamente "Eu me amo"... e estou falando do sério!

Plantando as sementes
Jennifer, professora de educação especial do ensino médio, Wisconsin

Milagres são descritos como acontecimentos que parecem contrários às leis da natureza e são considerados atos de Deus. Eu diria que, de fato, as mudanças ocorridas em minha vida graças à Louise Hay são nada menos que milagrosas!

Antes de eu tomar conhecimento da existência de Louise minha relação com Deus havia se deteriorado. Eu estava lutando contra uma brutal depressão, bruscas mudanças de humor e enxaquecas implacáveis. Desde a infância eu me debatia com sentimentos de abandono; consequentemente, passei muitos anos sofrendo de culpa, insegurança, medo, angústia, problemas de autoestima e falta de amor e de confiança em mim mesma e nos demais.

Enquanto buscava algum alívio, encontrei casualmente o livro *Você pode curar sua vida*, que me lembrou que ninguém poderia me amar se eu mesma não pudesse me amar. Louise me ensinou a me ver e, depois, a me amar, como Deus me vê e me ama. Suas palavras de sabedoria me mostraram como perdoar meus pais e vê-los sob nova luz. Enquanto eu aprendia a ser uma sobrevivente, e não uma vítima, anos de tristeza se dissolveram.

Louise me ensinou a ser forte, a amar a mim mesma, e eu aprendi o quanto isso pode ser poderoso. Logo, esse é o milagre com que fui abençoada: eu me amo! Não é retórica nem eufemismo – é a verdade! E as dádivas de Louise continuam sendo distribuídas: enquanto trabalho com meus alunos da educação especial, não passo um dia sem, de alguma forma, transmitir as palavras e a sabedoria dela. De fato, peço a meus alunos que mantenham diários cheios das afirmações e das frases poderosas de Louise, o que é muito fortalecedor. Já vi crianças chegarem à minha sala de aula no começo do ano letivo com uma visão sombria da vida e no final do primeiro semestre terem reconhecido o poder do pensamento positivo. As sementes foram plantadas!

Louise, você, decididamente, salvou a minha vida. Por sua causa meus dias já não são dominados pela depressão e pela insegurança, e consigo ser a pessoa bonita com que sempre sonhei. Consigo ter uma relação de amor comigo, com Deus e com meus amigos e parentes (inclusive com minha mãe, que passei anos odiando). Eu adotei suas palavras e me transformei num modelo para meus queridos, meus colegas e meus alunos. Consigo desfrutar a vida e abranger toda a felicidade ao meu redor – e, de todo coração, também acredito merecer tal felicidade. E consigo sorrir e fazê-lo com autenticidade. Seu livro realmente me ajudou a curar todas as feridas e todos os desajustes de minha vida. Sou a prova viva do que acontece quando alguém pega suas palavras e as transforma em realidade, conseguindo realmente se amar!

A magia que transforma
Dijana, gerente-geral de empresa de publicações, Austrália

Na qualidade de astróloga, venho há muito tempo fazendo uma trajetória de autodescoberta. Quando meu casamento de 15 anos alcançou um ponto crítico, enfrentei um sério dilema: seguir a minha verdade ou a de meu marido. Foi o desafio que eu estive negando até então, mas sempre soube que chegaria.

Evidentemente, a relação precisava terminar, e mesmo achando que nós dois tivéssemos "evoluído" o bastante para fazer uma separação amigável, eu me equivoquei. De repente, me vi atravessando um campo minado emocional, e a vida lançou em meu caminho algumas perigosas provações. Recorri ao meu exemplar de *Você pode curar sua vida* para mudar meus pensamentos e usar o poder das afirmações.

Juntamente com a astrologia, eu era fascinada pelo ritual pagão que reverencia as energias telúricas e os princípios femininos. Comecei a aumentar minhas afirmações pelo uso das energias e do ritual planetários, para controlar e dirigir os elementos de que eu queria me livrar – e fiquei assombrada com os resultados.

Em meu aniversário de 41 anos, realizei um ritual focalizado, e pouco depois, como se fruto da graça Divina, a mais extraordinária oportunidade profissional veio "cair no meu colo". Eu trabalho com publicações na Austrália e adoro meu trabalho; no entanto, sempre tive profundo interesse pelo gênero MCE (mente-corpo-espírito), área em que minha empresa não atuava. Então, num dia decisivo, meu chefe me chamou à sala dele e me perguntou se eu gostaria de trabalhar diretamente com a Hay House e gerenciar as vendas dos produtos deles na Austrália. Saber que estaria ajudando a vender os livros da mulher que tinha acabado de me dar uma imensa ajuda me levou às lágrimas. Logo conheci a equipe da Hay House na Austrália, e foi um casamento feito instantaneamente no céu editorial. Um ano depois, o trabalho com a Hay House tornou-se o ponto alto de minha carreira – coroado pela oportunidade de participar de um jantar sensacional com a própria Louise.

Daria para ficar ainda melhor? Pelo jeito, sim. Um ano e meio depois de acabado meu casamento, pensei em outro relacionamento. Com clara intenção, decidi atrair o amor que sempre desejei, sabendo que agora possuía as ferramentas para fazê-lo. Eu estava feliz, e minha intenção era dividir com alguém essa alegria.

Durante uma lua cheia de Libra usei as afirmações de amor de Louise e concentrei toda a minha emergia em definir claramente o que queria. Enviei mensagem ao Universo de que me trouxesse um novo amor, e confiei inteiramente no processo. Duas semanas depois ele chegou.

Esse homem era diferente, não era meu "tipo" habitual, mas eu o reconheci no mesmo instante. O resto já se sabe – ele se tornou o maior de todos os amores. Ele é tudo o que eu poderia sonhar, mais ainda, e todos os dias eu me sinto abençoada e agradecida.

Muito obrigada, Louise, por fornecer as ferramentas para o verdadeiro amor e a completa magia transformadora. Eu sou eternamente grata.

Uma forma de viver inteiramente nova
Candice, assistente-executiva, Michigan

Em 1993, eu tinha 23 anos e trabalhava como acompanhante em Nova York; na época, duas pessoas diferentes me deram o livro *Você pode curar sua vida*. Uma delas insistiu comigo que me olhasse no espelho e dissesse a mim mesma: "Eu te amo." Provavelmente, foi a coisa mais difícil que já fiz.

Na infância, fui violentada cinco vezes; engravidei na véspera dos meus 15 anos e fiz um aborto. Mesmo dotada de inteligência e criatividade, jamais acreditei em mim mesma até começar a fazer afirmações que encontrei no livro *Você pode curar sua vida*. O livro abriu para mim uma forma inteiramente nova de viver, e meus pensamentos começaram a espelhar os que ele veiculava.

Consegui dar uma virada em minha vida, coisa que talvez não tivesse conseguido sem ter aprendido a me amar e a valorizar os talentos e a originalidade que possuo. Louise me deu as melhores ferramentas necessárias para ter uma vida gratificante, e eu continuo a dividir sua obra com outras mulheres. Não tenho como agradecer suficientemente a ela.

Puro amor incondicional
Lareena, contadora, Califórnia

Quando eu tinha 3 anos de idade minha mãe abandonou meu pai, meu irmão e a mim. As imagens que tenho dela são nítidas, mas dolorosas. Ela adorava se divertir com muitos homens – eu me lembro de mim, sentada em um cantinho, fingindo que estava conversando com minha boneca, bloqueando os ruídos que uma criança pequena não deveria ouvir.

Meu pai, meu irmão de 1 ano e eu dividíamos um quarto de solteiro na casa de minha avó. Meu pai também se divertia com muitas mulheres no mesmo quarto que ocupávamos, achando que eu estivesse adormecida. Ele acabou se casando com uma mulher psicótica que passou nove anos torturando física e mentalmente a mim e ao meu irmão. Meu pai fingia não ver; apesar da forte presença física em minha vida, na maior parte do tempo ele estava emocionalmente ausente.

Quando completei 18 anos, encontrei uma mulher mais velha com quem mantive durante nove anos uma relação traumática. Terminado o caso, caí em outra relação abusiva, e fiquei extremamente doente. Recebi diagnóstico de lupus e sofria de insuficiência renal. Aos 28 anos de idade eu estava morrendo... e, no entanto, me sentia livre. Finalmente, se acabavam a dor e o sofrimento que eu tinha experimentado a vida inteira, e pela primeira vez na vida tive uma sensação de paz.

Deitada em meu leito de hospital eu sabia que ia morrer; portanto, chamei ao meu quarto todas as pessoas amadas e me despedi delas. Rezei uma oração agradecendo a Deus por essa experiência, e então disse a Ele que estava cansada e pronta a voltar para Casa. Senti-me deslizar para longe e então vi a mais linda luz branca imaginável. Para minha surpresa, acordei na sala de emergência, e a dor havia desaparecido completamente.

Passei por quimioterapia e quatro horas de diálise por dia, quatro vezes por semana. Estava tomando 17 remédios diferentes, caminhava apoiada numa bengala e passava parte do tempo na cama. Durante esse período, minha tia me deu um livro chamado *Você pode curar sua vida*, de Louise L. Hay. As principais afirmações que usei foram estas: *Eu me expresso livremente e com facilidade. Eu reivindico meu próprio poder. Eu me amo e me aprovo. Estou livre e em segurança.*

Minhas atividades diárias incluíam preces, meditações e visualizações, além do trabalho diante do espelho, que era extremamente difícil. Olhar-me nos olhos, nos quais se escondia tanto sofrimento, me custava enorme esforço. Em certo momento, eu disse energicamente em voz alta: "Lareena, eu te amo tanto! Lareena, eu te amo do jeito que você é." As lágrimas escorriam, incontroláveis – percebi que finalmente estava recebendo o puro amor incondicional.

Depois de algum tempo, comecei a sentir as mudanças no fundo do meu ser. Eu me via sorrindo e dando risada, sentia-me mais leve e mais radiante. Levei seis meses para me recuperar por completo, mas os tratamentos com quimioterapia e diálise haviam terminado. Recobrei inteiramente minha função renal e o lúpus esteve inativo nos dois últimos anos. Aos 31 anos de idade estou perfeitamente saudável e íntegra, e tudo está bem em meu mundo!

O presente que não tem preço
Marina, tradutora, Rússia

Até onde minha memória alcança, eu sofria de complexo de inferioridade, me sentindo "inferior" aos demais. Mas por quê? Eu realmente queria saber a verdade. Aos 13 anos descobri o livro de Louise Hay, *Você pode curar sua vida*. No começo não entendi muito bem o que lia, mas meus sentimentos íntimos me disseram que aquele era o caminho certo. Passo a passo comecei a curar minha alma, mas as verdadeiras mudanças ocorreram quando decidi mudar o teor do que pensava a meu respeito.

Durante um mês e meio repeti mais de 400 vezes por dia afirmações sobre amar a mim mesma. E funcionou! Talvez você não considere esta uma história espetacular. Mas quando alguém vive com uma angústia constante, que não lhe permite desfrutar a vida, é um verdadeiro milagre sentir amor no coração – principalmente amor a si mesmo. Amar a si mesmo é vivenciar um milagre todos os dias.

Meu processo de cura começou há 15 anos, e nunca cessou. Minha vida mudou completamente, e esse foi um presente de valor inestimável que Louise me deu. Eu agradeço muito a ela!

Um encontro inevitável
Julie, enfermeira, Alasca

Depois de passar algumas semanas de estresse, eu sabia que precisava achar tempo para pesquisar a seção Nova Era de uma livraria e relaxar.

Enquanto eu examinava alguns títulos, um homem se aproximou de mim e disse: "Se tiver chance de ler um bom livro, talvez você queira experimentar este aqui", apontando para *Você pode curar sua vida*, de Louise Hay. Fiquei de queixo caído. Durante os últimos 25 anos, sempre que alguém perguntava qual era meu livro favorito, eu respondia: "*Você pode curar sua vida*".

Naquele momento, a primeira coisa que pensei foi: *Este é um encontro com um anjo, mas ele não tem a aparência que eu esperaria de um anjo*. Falei ao homem sobre meu amor por Louise Hay e por aquele livro específico. Depois de alguns minutos de conversa, nós nos separamos. Mas foi então que me chegou uma intuição que dizia: "Não deixe que ele vá embora." Então, saí correndo atrás dele e expliquei que sabia que nosso encontro não era casual. Ele concordou, revelando que na verdade havia ido àquela livraria do lado oposto da cidade comprar um livro de Louise para um amigo doente. O livro estava esgotado, mas lhe haviam dito que poderiam encomendá-lo para ele – porém, ele soube que precisava atravessar a cidade em pleno trânsito do meio-dia para comprar imediatamente um exemplar.

Isso aconteceu há mais de dois anos e desde então estamos juntos. Agora, estamos noivos, e vamos nos casar, e eu conto nossa história para quem quiser ouvir. Muito obrigada a você, Louise, e aos meus anjos amados!

Amar a mim mesma foi a resposta
Cynthia, assistente-executiva, Flórida

Há nove anos, vim passar as férias nos Estados Unidos e resolvi ficar aqui. Os dois primeiros anos foram muito difíceis, já que toda a minha família mora no Peru. Então, em 2005, comecei a ter ataques de pânico – durante quatro meses tive ataques diários, e me sentia muito infeliz. Viajei a negócios para Los Angeles e fui a um spa, onde encontrei alguns CDs de Louise Hay, juntamente com o livro *O poder dentro de você*, título que muito me chamou a atenção.

Depois de ouvir os CDs e ler o livro, comecei a usar afirmações com frequência; principalmente, eu repetia muitas vezes *Eu me amo*. Em breve comecei a ver uma transformação em minha vida. Ao substituir em minha mente os pensamentos negativos pelos novos pensamentos, positivos, percebi que estava mudando minha forma de pensar e começar a ver a vida de outra forma.

Fiquei tão agradecida que enviei um e-mail à Louise, cuja assistente respondeu com uma linda mensagem cheia de esperança e de apoio. Depois disso fui a uma livraria e comprei *Você pode curar sua vida* em espanhol, juntamente com o CD *Stress-Free*, em inglês (este eu sempre uso quando viajo de avião, pois me relaxa e me faz adormecer... é impressionante como ele funciona). Agora, já estou há quatro anos sem sofrer ataques de pânico.

Os livros e CDs de Louise me ajudaram a entender que a chave que me abriu uma vida maravilhosa foi aprender a me amar de verdade. Um dos meus desejos é encontrar Louise pessoalmente. Eu a considero uma mulher maravilhosa, que dedicou a vida a ajudar outras pessoas como eu, e por isso eu lhe agradeço imensamente.

Treinando meu cérebro
Melanie, coordenadora de programa, Canadá

Por ser uma pessoa lógica na maioria dos aspectos de minha vida, eu estava sofrendo para lidar com todas as emoções que me assaltaram depois de me separar do homem com quem fui casada por dez anos. Diante da responsabilidade total por três filhos, minha carreira e minha casa, eu não sabia que rumo tomar nem o que estava sentindo.

Percebendo a situação em que estava metida, uma colega me recomendou o livro *Você pode curar sua vida*. Foi o primeiro livro de Louise Hay que li, mas certamente não foi o último. Por intermédio de um de seus livros e várias ferramentas, Louise me ensinou a treinar meu cérebro para pensar positivamente. Percebi que até então eu não tinha me amado de verdade... mas agora me amo.

Mudar minha vida foi um processo, e exigiu o uso de variadas virtudes, como a paciência e a determinação. Mesmo assim, tem sido gratificante usar a intuição e também a lógica. Minha vida floresceu devido à mudança nos padrões de pensamento: perdi mais de 11 quilos; já não sofro de acne; e valorizo a mim e a meu ambiente sem me esforçar, vendo a beleza das coisas pelos olhos do amor. Minha nova descoberta de independência, alegria e amor – assim como a dedicação ao processo permanente de felicidade – é sentida por meus amigos e parentes. Todo dia eu expresso minha gratidão ao pegar o livro de Louise e, de fato, curar minha vida.

O milagre mais importante de todos
Martin, corretor de seguros, Argentina

Tenho 30 anos de idade e moro na Argentina. *Você pode curar sua vida* entrou em minha vida quando eu tinha só 15 anos – desde então minha vida mudou completamente.

A melhor coisa que Louise podia ter feito por mim, e a mais importante, foi me despertar tão cedo para a vida. Viver na Argentina não é muito fácil, com todos os problemas econômicos e a terrível pobreza. Eu sabia que minha vida precisaria ultrapassar tudo aquilo, portanto, jurei mudar minha mente e meus pensamentos. Comecei pela afirmação, repetida várias vezes ao dia: *Eu não sou um dado estatístico.*

Mesmo quando todos me diziam "Não é fácil conseguir um bom emprego por aqui", eu sabia que poderia conseguir um emprego *fantástico...* E de fato o consegui. Também comecei a cuidar do corpo, tornando-me vegetariano e praticando corrida todos os dias (no começo não conseguia correr nem uma quadra e agora participo de maratonas várias vezes ao ano). Comecei a viajar pelo mundo e encontrei pessoas maravilhosas, que abriram minha mente para novas ideias.

Mas o milagre que Louise trouxe à minha vida é o amor incrível que sinto por mim mesmo e pelos outros – e é de valor inestimável. Louise me deu uma existência totalmente nova e eu lhe serei eternamente grato cada dia de minha vida.

Temos a tendência a achar que os milagres estão relacionados com a superação de doenças ou de outros problemas sérios. No entanto, Louise ensina que os milagres estão por toda parte, em cada respiração, em cada sorriso, em cada rosa e em cada crepúsculo.

Muito obrigado, Louise, por ser minha inspiração e por apresentar a todos nós o milagre mais importante de todos: o amor a nós mesmos. Você é o máximo!

A amargura e o sofrimento
levam ao amor e à paz
Margaret, designer de joias, Maryland

Em 1990, depois de 15 anos de casamento, cheguei em casa um dia e encontrei um bilhete em que meu marido me dizia que tinha ido embora. Fiquei muito perturbada e confusa, sentindo como se fosse uma mentira completa a vida que eu havia vivido por uma década e meia. Fui trabalhar e segui adiante como precisava fazer, mas por dentro eu estava extremamente amargurada, desconfiada e odiando o mundo todo.

Um dia, em 1995, cheguei ao fundo do poço quando encontrei alguém que era exatamente como eu – parecia que o fantasma do futuro estava me visitando para demonstrar o que seria meu fim se continuasse naquele caminho. Por ter vivido sempre em meio de ateus, fui doutrinada no ateísmo, e nunca tinha sido uma pessoa muito espiritualizada. Mas naquela noite caí de joelhos e pedi que me fosse mostrado o jeito de mudar.

Primeiro, fui levada para o livro de Louise Hay, *Você pode curar sua vida*. Devorei aquelas páginas e digitei todas as afirmações e exercícios para praticá-los em voz alta. O mais difícil para mim foi dizer "Eu te amo, Margaret" na frente do espelho – precisei de duas semanas para isso.

A espiritualidade de que Louise fala abriu para mim um mundo inteiramente novo. Tive meu maior e mais notável despertar espiritual depois de ler *Você pode curar sua vida*; depois disso, não houve retorno. Continuei a avançar, aprendendo a me libertar de todo o ódio, desconfiança e solidão que sentira. Como estava muito preocupada com meu futuro, trabalhei meus sentimentos de falta de autoestima. Depois me esforcei para trazer à minha vida um pouco de abundância financeira, uma área que até àquela altura tinha sido complicada.

Os anos de trabalho que investi em mim mesma, graças aos livros de Louise, mudaram minha vida toda; estou especialmente agradecida a ela por ter me ensinado a me livrar da amargura, permitindo a chegada do bem que estava esperando por mim. Acabei encontrando minha verdadeira alma gêmea e agora tenho uma relação espiritual e um casamento maravilhosos e marcados pela confiança. O melhor que meu novo marido me ensinou é o amor incondicional (ainda por cima ele é muito rico e me trouxe a segurança financeira que eu estava procurando).

Eu poderia estar marcando passo, cometendo os mesmos erros o tempo todo – mas o livro de Louise me ajudou a ver que havia um jeito melhor. Ela abriu meu coração ao amor e me fez entender minha conexão com o meu espírito. Até hoje carrego comigo essa espiritualidade, e minha consciência me trouxe muita serenidade.

Amando a mim mesma, de novo
Leah, orientadora autorizada de desenvolvimento pessoal, Canadá

Descobri a obra de Louise Hay numa época de minha vida em que estava no meio de um período particularmente difícil, ao qual muita gente se refere como a "crise dos 30 anos". Eu estava há mais de um ano e meio trabalhando no exterior e não tinha certeza de meus planos futuros. Tinha dúvidas sobre quando voltar para casa, *se* deveria voltar para casa e, no fundo, sobre onde era meu lugar no mundo. Sentia-me isolada e sozinha – com saudade dos parentes, dos amigos e das coisas familiares – mas estava viciada na ideia de ter de visitar mais um país.

Lutando com o estresse do que parecia uma montanha de decisões importantes à minha frente, comecei a abusar da bebida e das drogas para fugir à realidade que eu havia criado. Então, comecei a ganhar peso, o que dificultou ainda mais a simples hipótese de voltar para casa. Tenho vergonha de confessar que no ponto mais baixo da crise recorri às drogas num país em que a punição pelo uso delas é, no mínimo, severa.

Um dia, numa rara excursão a uma livraria para encontrar material de leitura em inglês, descobri *Você pode curar sua vida*. Fiquei deslumbrada com os conceitos e afirmações apresentados no texto e comecei a pensar em como seria me amar de novo.

Comecei a fazer algum trabalho no espelho, repetindo para mim mesma: "Eu te amo, Leah. Eu te amo de verdade." Prossegui a partir daí com o uso diário de afirmações.

Aos poucos comecei a ver algumas mudanças espantosas: comecei a me valorizar, e me dei permissão para tirar férias e fazer viagens por toda a Ásia. E, finalmente, tomei a decisão de voltar para casa. Novos amigos apareceram em minha vida, e encontrei um mentor maravilhoso que me ajudou a perder mais de 18 quilos, recorrendo a caminhadas e nutrição. O processo foi mais fácil e suave do que eu podia imaginar!

Quando, enfim, retornei ao Canadá, acredito que não foi coincidência o fato de, uma semana depois da chegada, ter encontrado o homem que agora é meu noivo. Consegui atrair "o tipo certo de homem", pois graças ao meu desenvolvimento eu havia me tornado "o tipo certo de mulher", aquela que ama a si própria.

Louise me inspirou a descobrir meu verdadeiro eu, ao mesmo tempo em que comecei o processo permanente de autoconsciência. A obra dela me inspirou, motivou e até moldou minha vida profissional – agora sou orientadora autorizada de desenvolvimento pessoal. E obtive sucesso no que faço, ajudando outros jovens profissionais a criarem objetivo e sentido para suas vidas.

Louise, você exerceu um tremendo impacto em minha vida. Agradeço a você por ser fonte de inspiração e cura para tantos de nós neste mundo.

A hora da mudança
Gloribell, aluna de graduação, aspirante a atriz, e mãe, Nova Jersey

Você pode mudar sua vida mudou tudo para mim. Em 2003, eu estava passando por um dos momentos mais sombrios e conturbados de minha vida. O casamento de seis anos era um desastre total. Meu mundo estava se fechando rapidamente, e eu me convencera de que sem a minha presença tudo estaria melhor. Sentia em mim os tremores e abalos da dor e do desgosto.

Desanimada e com impulso suicida fui para a biblioteca em busca de refúgio e serenidade. Lembro-me de ter visto um livro de cores vivas que me chamou a atenção. Apanhei-o e li em voz alta o título – *Você pode curar sua vida*. Fiquei intrigada pela ideia de que poderia mudar o pensamento e fazer escolhas deliberadas para ser feliz. Como eu sempre fui uma pessoa estudiosa e inquisitiva, senti a necessidade de levar comigo para casa o livro e investigar as ideias propostas.

Eu o li e reli, e depois tornei a ler. Naquela noite, não dormi, pois tive a surpreendente revelação de que nem meu marido nem eu tínhamos aprendido a ter uma relação saudável. Os dois viéramos de lares abusivos; portanto, em razão do treinamento recebido na infância, nosso quadro atual de discórdia conjugal e extremo desajuste era o único estado que éramos capazes de criar. Eu sabia que havia chegado a hora de fazer uma mudança. Aceitei o conselho de Louise e procurei um psicoterapeuta que me ajudasse a lidar com o perdão aos meus pais, com o estabelecimento de limites e com a redefinição de mim mesma como pessoa. No começo, fiz tudo isso para salvar meu casamento, mas, à medida que mergulhava mais fundo no processo de autodescoberta, entendi que o que eu realmente queria salvar era a mim mesma.

Voltei à universidade, adquiri confiança própria e transformei em minha missão a tarefa de desfrutar a vida. Tornei-me mais saudável e, em consequência disso, a própria saúde de meu marido melhorou. Não houve uma conversa formal em que decidíssemos: "Tudo bem, vamos ser saudáveis e tentar trabalhar pelo nosso casamento" – isso aconteceu naturalmente. Ou seja, quando paramos de tentar salvar o casamento, este acabou se salvando.

A sábia declaração de Louise "Tudo está bem" foi o que me manteve motivada. Sempre que eu me apavorava, levava fé em Louise, pois ela tinha dito isso com muita ênfase e sinceridade. Eu tinha a sensação de que ela estava falando diretamente comigo: "Tudo está bem, Gloribell!"

Hoje em dia estou com meu marido por vontade própria, não por obrigação. E eu o amo de verdade; porém, o mais importante é que eu amo de verdade a *mim mesma*. Nosso passado turbulento e nosso triunfo da atualidade provam verdadeiramente aquilo que Louise vem dizendo há tantos anos: "O ponto do poder está sempre no momento presente."

O bálsamo para todas as feridas
Renna, escritora e modelo, Finlândia

Nasci na Estônia, em 1961, e naquela época meu país fazia parte da União Soviética. Como você talvez imagine, a vida era complicada em vários aspectos.

Eu era uma criança muito calada e introvertida, que tinha uma relação difícil com uma mãe indiferente e crítica. Embora na fase adulta eu tivesse descoberto a meditação e deixado o hábito de fumar que conservara por dez anos, na juventude eu tinha perdido alguns dentes e me sentia muito envergonhada. Por longo tempo sofri de depressão profunda.

Na década de 1990, os livros de Louise Hay foram traduzidos para o estoniano. Um deles dizia algo como: por mais sombrias que as coisas estejam neste momento, isso é apenas temporário – o sol ainda existe e se mostrará a você no devido tempo. E Louise também me comunicou que nunca era tarde demais para tentar curar nossas relações. Esses dois pensamentos me trouxeram imenso alívio e me deram asas espirituais. Era como se Louise fosse o próprio sol, brilhando através das nuvens negras de meu país e de minha mente.

Li todos os livros dela que consegui obter e pratiquei o que ela pregava. Por fim entendi que o amor era o bálsamo para todas as minhas feridas, bálsamo que usei para curar a relação com minha mãe. Também aprendi a olhar para mim com olhos amorosos e a aceitar o que via. Deixei para trás minha profunda depressão e passei a viver uma vida de possibilidades e alegria. Estou imensamente grata à Louise!

A viagem do amor
Misti Marie, assistente educacional, Havaí

Minha viagem começou aos 16 anos de idade, quando me apaixonei. Tive meu filho aos 17 e minha filha aos 23. Infelizmente, três anos depois de começar essa relação descobri que "o amor da minha vida" era viciado em drogas (eu já tinha lidado com o alcoolismo dele).

As experiências resultantes das dependências químicas do meu namorado tiveram um impacto profundamente negativo – do ponto de vista emocional, mental e físico. Essa infelicidade se manifestou mais adiante em minha vida sob a forma de enxaquecas e crises de ansiedade. Em nossa relação estavam ausentes a autenticidade, a integridade, o respeito e o compromisso. Também havia falta de amor. No entanto, eu *acreditava* que estava apaixonada, muitas vezes vivendo num mundo de fantasia no qual eu conseguia inspirar e motivar meu namorado a dar um jeito na vida, e a nos permitir manter reunida nossa linda família. Mudá-lo se transformou em minha grande prioridade. E quando eu não estava focada nele, estava exercendo a maternidade, trabalhando em minha graduação em psicologia e sendo uma professora de pré-escola – todos esses papéis me serviam de distração.

Em algumas ocasiões eu apenas seguia o fluxo das coisas, fingindo não ver a destruição de nossas vidas, na esperança de que tudo aquilo talvez parasse. Então, nossos filhos ficaram mais velhos e começaram a expressar seus medos, preocupações e sentimentos em relação ao desajuste. Eu sabia que uma mudança precisava ser feita, mas não sabia onde encontrar a força para fazê-la.

Bom, encontrei aquela força no momento em que minha maravilhosa mãe me deu o livro *O poder está dentro de você*, da autoria de Louise Hay. No instante em que comecei a ler o livro, soube que Louise estava falando diretamente comigo. Ela é um anjo que toca a alma da gente, curando nossos corações e erguendo nosso ânimo. Essas palavras escritas por ela realmente me atingiram: "Diariamente, declare a si mesma o que deseja da vida. Declare como se você já o tivesse!" naquele momento entendi que precisava me concentrar em mudar a mim mesma, e não meu namorado.

Mergulhei em produtos de autoajuda. *Você pode curar sua vida* transformou-se em minha bíblia, e à noite eu ouvia o CD *I Can Do It*. Louise me deu as ferramentas, a inspiração e a motivação que eu precisava para recuperar meu poder e assumir um compromisso com a felicidade – que conceito tão bonito! Aprendi que todos nós realmente temos opções e que o único momento que temos é aqui e agora. Amar-se incondicionalmente e aprender a praticar o poder do perdão são chaves essenciais para a vida.

No aniversário de dez anos de nosso casamento terminei a relação. Meus filhos e eu somos abençoados; e minha vida agora está repleta de abundância de paz, de alegria e de amor profundo. Acredito que isso é verdade, e assim é! Sou muito grata à Louise porque ela me deu o presente do amor, do perdão e da transformação!

O que um bom abraço é capaz de fazer
Marcela, médica, Espanha

Esperei muito tempo pela hora de escrever um bilhete à Louise Hay agradecendo por ela ter me ensinado a lição mais importante que já recebi nesta viagem. Afinal chegou a hora!

Durante uma fase muito difícil de minha vida, uma amiga muito querida me deu de presente seu exemplar pessoal do livro *Você pode curar sua vida*. Dei uma rápida olhada na capa, que estampava aquele coração nas cores do arco-íris e pensei: *Ai, meu Deus, você está de brincadeira comigo!* Dizer que Louise não era minha favorita seria um eufemismo.

Mas descobri quanta verdade havia no ditado "O mestre só aparece quando o discípulo está pronto". Apesar de minha resistência, Louise começou a aparecer em minha vida de vez em quando – até o dia em que estive pronta para ouvir a mensagem dela.

Hoje em dia percebo que, apesar do sucesso e do prestígio de que exteriormente desfrutava na vida, eu não me amava. Foi uma verdade difícil de engolir. Portanto, com minha formação de cientista, decidi dar a mim mesma uma oportunidade de colocar à prova as ideias de Louise. Aceitei o desafio de passar 30 dias dizendo diariamente na frente do espelho "Eu te amo", mas acho que a experiência não estava funcionando muito bem – em geral, eu só via uma estranha me olhando, indiferente, de dentro do espelho. Irritada e me sentindo pior do que antes de começar o desafio, deixei de lado a mensagem de Louise.

Foi então que aconteceu uma coisa. Tendo acabado de me mudar para uma nova cidade, eu tinha passado uma semana especialmente ruim quando minha vizinha, que conhecera menos de dois meses antes, me deu um abraço. Fiquei atônita ao me dar conta de que era o primeiro contato físico que eu tinha com alguém em dois meses. De repente, vi até que ponto eu estava privada de amor – um abraço em dois meses corresponde a somente seis abraços por ano!

Decidi modificar ligeiramente os exercícios de Louise e tentar de novo. Dessa vez comecei a abraçar a mim mesma! Comecei com quatro abraços diários, o que era muito constrangedor. Mesmo assim insisti, e fui aumentando para oito abraços, depois 12 abraços e assim por diante, como se estivesse fazendo um treinamento de musculação. Com os abraços veio a frase "Eu te amo" e outras palavras amáveis, juntamente com incentivos e carinho por mim mesma.

Abraçar a mim mesma e afirmar "Eu te amo" é uma coisa muito poderosa em minha vida. Tudo que faço é me abraçar, como se fosse uma mãe carinhosa embalando uma criança amada, e eu me sinto segura. O principal é que me sinto amada. Eu ainda tenho dias ruins, mas agora, quando eles acontecem, eu só lembro a mim mesma que aquele é um dos momentos em que preciso ter ainda mais amor por mim, em vez de entrar na espiral de depressão.

Em minha agenda pessoal eu programo abraços para todos os dias, um compromisso que procuro sempre cumprir, sabendo que estou tendo um encontro com a pessoa mais importante de minha vida. E ainda há outra grande vantagem: quando estou me abraçando no local de trabalho, quase todo mundo acha que estou só sentindo frio; portanto, nem mesmo sou obrigada a dar explicação!

Deus te abençoe, Louise!

Como fazer o trabalho com Louise

Imaginem o relacionamento perfeito, o sentimento de estarmos completa e loucamente apaixonados. Esta é a sensação de amar a si mesmo, mas sem o fardo da necessidade de depender das ações de outra pessoa para a própria realização. Sua relação consigo mesmo é a mais estável e constante que você jamais terá – portanto, transforme-a em sua *melhor* relação! Você é absolutamente merecedor de amor. Não é necessário provar nada nem convencer ninguém desse fato. Uma vez que você reconheça que é digno de ser amado, outras pessoas também virão naturalmente tratá-lo com amor.

Você conseguirá explorar ainda mais suas crenças sobre o amor se completar os exercícios seguintes. Escreva suas respostas numa folha de papel ou em seu diário.

Seu eu crítico

A crítica consegue demolir o espírito interior, mas nunca muda coisa alguma. O elogio o fortalece e pode causar mudança positiva. Escreva dois modos como você se critica na área do amor e da intimidade. Talvez você não consiga dizer aos outros como se sente, ou do que necessita. Talvez você tenha medo de compromisso, ou a tendência a atrair parceiros que o prejudiquem.

Depois de cada um dos defeitos percebidos, pense numa coisa pela qual possa se elogiar nessa área.

Eu me amo

Escreva no alto da folha de papel ou da página do diário: *Eu me amo, portanto...*

Conclua essa frase de todas as formas que for capaz. Leia-a diariamente e vá acrescentando novas coisas, à medida que for pensando nelas. Para fazê-lo você pode trabalhar com um parceiro. Segurem as mãos um do outro e se alternem em dizer: "Eu me amo, portanto..." A maior vantagem desse exercício é que é quase impossível se menosprezar quando você diz que se ama.

Seus sentimentos sobre amor e relacionamentos

Agora responda da melhor maneira possível as perguntas a seguir:

1. Na infância, o que você aprendeu sobre o amor?
2. Seu parceiro/cônjuge é como um de seus pais? Em quê?
3. Pense nas duas últimas relações íntimas que você teve. Quais eram os grandes problemas entre vocês?
4. Esses problemas lhe recordam a relação com um de seus pais, ou com ambos?
5. O que ou quem você terá de perdoar para mudar esse padrão?
6. Com base em sua nova compreensão, como você gostaria que fosse sua relação?

Trabalho diante do espelho

Quando a questão é amar a si próprio, o trabalho no espelho é de extrema eficácia. A maioria de nós, quando se olha no espelho, dirá alguma coisa negativa a si mesmo. Nós criticamos nosso aspecto físico ou nos menosprezamos por alguma coisa. Chegou a hora de mudar esse hábito.

Vá até o espelho, olhe-se nos olhos e diga o seguinte: *"Eu te amo,* [inserir aqui seu nome]. *Eu te amo de verdade."*

Escreva os tipos de sentimentos que essa afirmação lhe traz.

Faça esse exercício todo dia pela manhã. Você vai ver que ele se tornará cada vez mais fácil de praticar, e o amor em sua vida aumentará de forma surpreendente.

Amor e intimidade

Vamos examinar suas crenças sobre o amor. Responda cada uma das perguntas a seguir. Depois de cada resposta, para neutralizar a velha crença, diga uma ou mais das afirmações positivas seguintes.

1. Você sente que merece ter uma relação íntima?
2. Você tem medo de amar a si ou aos outros?
3. O que você está "recebendo" dessa crença?
4. O que você teme que aconteça se abrir mão dessa crença?

Afirmações

Eu estou amando e sou amável e amado.

Eu me dou permissão de vivenciar o amor íntimo.

Eu mereço o amor. Eu crio agora uma relação duradoura e profundamente carinhosa.

O amor e a aceitação são meus. Eu me amo.

Eu expresso amor, e onde quer que eu vá sempre atraio amor.

Estou disposto a me abrir ao amor. É seguro deixar entrar o amor.

Quanto mais me abro ao amor, mais seguro estou.

Sou amável e carinhoso comigo, e meu parceiro também é.

É seguro me apaixonar.

Ninguém pode me maltratar. Eu gosto de mim, me valorizo e me respeito.

Os outros me amam quando eu sou eu mesmo.

Sou amado e estou em segurança onde quer que eu vá.

Eu atraio à minha vida maravilhosas experiências amorosas.

Eu me aceito por completo e cuido de minha criança interior.

Eu me amo e à minha sexualidade.

Vejo a mim mesmo com os olhos do amor e estou em segurança.

Meu parceiro reflete o amor que tenho ao meu próprio corpo.

Eu expresso meus desejos com alegria e liberdade. O amor me dá a sensação de liberdade.

Eu me dou permissão de desfrutar meu corpo.

Amar a mim mesmo e aos outros fica mais fácil a cada dia.

Tratamento para o amor

Bem no centro do meu ser existe um poço infinito de amor, alegria, paz e sabedoria. Agora reservo um momento para ir conscientemente àquele poço infinito de amor dentro de mim. Sinto o amor que existe lá, e deixo-o crescer e se expandir. Eu exijo amor e intimidade em meu mundo. Eu sou digno de amor. Eu não sou meus pais nem os padrões de relacionamento deles. Sou meu próprio eu exclusivo, e escolho criar e manter um relacionamento duradouro e amoroso – que cuide bem de nós e sustente a ambos, de todas as formas. Essa é a verdade do meu ser, e eu a aceito como tal. Tudo está bem em meu mundo amoroso.

Terceira parte

Emoções e comportamento

Capítulo oito

Como obter
saúde mental

Quando você consegue aceitar o fato de que escolhe todo pensamento e sentimento que tem, então a saúde mental e o bem-estar também se tornam escolhas. No entanto, aceitar responsabilidade por seus pensamentos não significa aceitar culpabilidade. Só significa assumir o controle da própria mente ao escolher propositalmente cada novo pensamento, como forma de se amar e de se respeitar. Você não precisa continuar a agir de forma autodestrutiva porque sempre agiu assim. Em vez de reforçar seus velhos sentimentos de negatividade e desesperança, você pode redirecionar aquela energia no sentido de manifestar uma vida melhor para si mesmo, independente da adversidade ou da dificuldade que porventura esteja enfrentando.

Nas histórias a seguir as pessoas nos revelam como superaram muitos obstáculos, físicos e emocionais, na busca de bem-estar mental.

Energia materna
Madisyn, autora e editora, Oregon

Minha mãe me deu uma fita cassete e me disse: "Ouça isto; vai fazer você chorar."

Era o começo da década de 1990 e por longo tempo, eu estivera presa no atoleiro de minha vida. Tinha estado muito doente nos dois últimos anos; os médicos não sabiam o que fazer comigo, e eu também não. Meu mundo tinha se transformado num carrossel de antidepressivos – depois que eu atingia a dosagem máxima de uma medicação, passava para outra. Para piorar as coisas, meu pai tinha acabado de morrer subitamente, e nós não estávamos nos falando.

Eu tinha ouvido falar de Louise Hay, já que havia no meu bairro uma livraria metafísica pela qual sempre me senti atraída. Eu gostava muito de ir àquela loja, porque ali me sentia bem. No entanto, quase sempre não comprava nada, uma vez que a quantidade de livros e ferramentas de autoajuda era um pouco opressiva, e eu não sabia de que tipo de ajuda necessitava.

Finalmente, num dia tranquilo, peguei a gravação que minha mãe me dera. Coloquei-a em meu gravador portátil, ajustei os fones e me deitei no sofá sem realmente saber o que esperar. Ao ouvir a voz de Louise, imediatamente me senti como se tivesse sendo amparada pela energia "materna". Não foram exatamente as *palavras* dela que me deram aquela sensação, mas sim o tom e a intenção por trás delas. Minha própria mãe estava certa – eu chorei mesmo.

Ouvir aquela fita tocou alguma coisa em mim que eu nem sequer sabia que tinha desprezado; aquilo abriu na mesma hora a porta para minha viagem de cura. Eu me senti quase como se recebesse permissão para começar a cura, e soube, em algum lugar no fundo do coração, que tudo ficaria bem.

Imediatamente fiz uma visita à livraria metafísica e comprei muitas meditações guiadas, que depois ouvia diariamente, sem falta, durante uma hora.

Aos poucos meu mundo começou a se abrir, mudanças ocorreram, e eu conheci gente que pôde me ajudar do jeito que eu necessitava ser ajudada. Foi um processo muito longo, e até hoje estou aprendendo e crescendo. Olho para trás, para aquela época, e sei que não teria podido fazer nada sozinha – nenhum de nós pode. E hoje estou retribuindo o recebido, pois me tornei uma pessoa que ajuda outras por meio de meu trabalho, e também ao escrever livros publicados pela Hay House.

Ver a vida de outro jeito
Jacky, autora e educadora de ensino domiciliar, Reino Unido

Tenho 51 anos de idade e sou mãe de um lindo menino de 10 anos. Gostaria de compartilhar minha história.

Tive a sorte de ser amamentada ao seio durante os oito primeiros meses de vida. Depois, por estar muito cansada, minha mãe quis parar de me amamentar e pediu ajuda ao médico. Por sugestão médica, ela passou uma pílula amarga nos seios, e aquilo funcionou. Logo, naquele estágio de minha vida, vivenciei total rejeição. Perdi minha fonte de alimento – além de amor, aconchego e ligação com minha mãe. De fato, minha vida toda foi despedaçada por essa experiência. Ao completar 4 anos, tive um tumor grande no pescoço e fiquei hospitalizada por vários meses. Naquela época, os pais não estavam autorizados a acompanhar os filhos, então, vocês podem imaginar como fiquei estressada quando fui deixada sozinha. No dia em que eu deveria voltar para casa, o hospital encontrou mais um tumor no meu pescoço, e resolveram me manter internada por mais algumas semanas, em observação. Para uma garotinha como eu, isso foi extremamente perturbador.

Depois, sofri de depressão, por alguns anos. Também sofri de alcoolismo na adolescência, fui estuprada três vezes e tive, ao longo de toda a vida adulta, problemas de saúde e tumores. Sofri diversas lesões na cabeça, por causa de acidentes ocorridos enquanto estava embriagada. Vivi com um homem por 17 anos e brigávamos o tempo todo, como cão e gato. Quando finalmente nos separamos, ele se matou, com álcool e drogas.

Quando eu tinha 41 anos, encontrei um homem maravilhoso, e decidimos ter um lindo filhinho (como eu achasse, até aquele momento, que não conseguiria ter filhos, isso foi especialmente maravilhoso). Depois do nascimento de meu filho, voltei a ter problemas de saúde: ataques de pneumonia e bronquite; vertigens que me causaram sérios ferimentos na cabeça e tumores que eram tratados com apoio de um homeopata maravilhoso. Também sofri de depressão pós-parto e não consegui amamentar o bebê, o que me deixou devastada. Além disso, perdi durante oito anos os sentidos do paladar e do olfato, tive terríveis inflamações nos ouvidos e sempre me sentia esgotada.

Então, com a tenra idade de 50 anos, descobri Louise Hay. Fiz o curso "Heal Your Life", promovido por ela, e investi em seus livros e CDs. Aprendi sobre o poder das afirmações, do amor a si mesmo e do perdão para curar – e nunca mais olhei para trás.

Essa mulher maravilhosa e suas filosofias me deram liberdade e empolgação para olhar a vida de outra forma. Hoje em dia raramente adoeço, e em vez de me sentir sombria e deprimida, considero as experiências da vida como desafios e curvas de aprendizagem, pensando na riqueza que elas me trazem.

Eu agradeço a você e a amo muito, Louise!

As receitas de Louise
Carolin, musicista, escritora e empresária, Califórnia

A obra de Louise Hay – principalmente seus livros *Você pode curar sua vida* e *Cure seu corpo* – se tornou parte de um regime geral de saúde em que me empenhei na metade da década de 1990. Eu tinha acabado de ser diagnosticada como portadora de distúrbio bipolar e estava buscando uma solução que ultrapassasse as medicações receitadas por médicos.

Toda noite eu analisava os desequilíbrios que tinha no corpo e aplicava como cura as meditações que Louise "receitava". Todo dia eu aplicava uma de suas afirmações para combater quaisquer sentimentos negativos que surgissem enquanto exercia minhas atividades. Além de ter estabelecido um programa excepcional de alimentação e exercícios físicos, eu não só consegui me curar sem remédios, como ainda, passados mais de dez anos, não peguei nem mesmo um resfriado!

A obra de Louise foi e continuará a ser um fator que contribui para meu bem-estar permanente. Por isso, e pela própria vida, eu estou agradecida.

Nasce uma vida nova
April, escritora e artista plástica, Geórgia

Uma nuvenzinha negra de chuva. A "profetisa da irremediável desgraça". Agressiva. Desesperançada. Isso era eu há quatro anos, antes de ter conhecimento da existência da Hay House. Para algumas pessoas, as lições da vida chegam facilmente; outras (como eu) precisam escolher uma guerra, lutar e vencê-la. É um conceito impossível e incrivelmente ingênuo acreditar que podemos conquistar nossos demônios por meio do ódio a si próprio, uma espada de papelão e uma atitude negativa. No mínimo, os problemas se tornam piores e nos afundamos ainda mais na areia movediça de nosso eu mais sombrio.

Passei a maior parte da vida tentando encontrar a capacidade de lidar com elementos espirituais. E antes de me aceitar e me amar precisei de quase 20 anos de dores e angústias a que me submeti, e que me levaram a encontrar o meu lugar neste mundo. Diagnosticada com distúrbio bipolar no começo da fase adulta, fui passando pela vida sem a menor preocupação pelo desastre que ia deixando em meu rastro. O caos girava em torno de mim como as moitas secas arrastadas pelo vento numa cidade fantasma, deixando-me cega e incapaz de ver o jeito de sair da poeira sufocante. A travessia só começou quando decidi enfrentar a doença e assumir responsabilidade por minha vida.

Comecei a tatear o caminho na escuridão, rumo a um pontinho de luz. E, no processo, encontrei sementes de esperança em prosa. O dr. Wayne Dyer me desafiou a mudar meus pensamentos, inspirando-me a perceber qual era minha suprema vocação – tornar-me escritora. Deepak Chopra me ensinou a viver a vida sem limites, permitindo que eu reconhecesse e aceitasse com humildade o poder de minha intuição. E o baralho oracular *Angel's Therapy Oracle Cards* [Cartas de Terapia Oracular dos Anjos], de Doreen Virtue, tornou-se parte integral do alicerce sobre o qual foi construída minha autocura. A profunda influência de Louise Hay em minha vida, no entanto, não está confinada às páginas de um livro.

Minha viagem em direção à cura nasceu de uma infância traumática. Meus anos de adolescência foram marcados por um profundo sentimento de angústia e depressão. A vida adulta foi repleta de dependências, tentativas de suicídio e doença mental. Foi também desse embrião poluído que nasceu minha nova vida. Não poderia ter acontecido de nenhuma outra forma. Louise me ajudou a ver que para curar meu corpo eu precisava, primeiro, curar minha mente. Tive que remover velhas camadas de mim mesma para encontrar a pureza que tinha sido manchada por uma vida de influências tenebrosas. A força principal de minha notável recuperação e da gestão de minha doença bipolar é o resultado direto do renascimento de minha mente, meu corpo e minha alma.

A visão de Louise me ajudou a encontrar minha própria visão. Não bastaria dizer "Muito obrigada". Portanto, vou repetir as palavras que ela me disse por meio de seus textos, palavras que me fizeram prestar atenção e começar a me libertar das limitações que eu me havia imposto e que me impediam de ser meu Eu Autêntico: "Se você aceitar uma crença restritiva, então, ela se tornará a verdade para você."

Esperança
Malva, instrutora de fitness, orientadora de desenvolvimento pessoal e psicóloga, Flórida

Nasci em Montevidéu, no Uruguai. Minha mãe tinha uma voz extremamente doce que me acalentava a alma e aquecia o coração. A última vez que a vi eu só tinha 5 anos – ela morreu de câncer. Meu mundo ficou vazio e solitário, e depois se tornou insuportável quando meu pai morreu de um enfarte. Eu me senti sem um lugar no mundo, sem ninguém a quem recorrer. Como tantas crianças em países do Terceiro Mundo, eu fiquei sem casa, faminta de comida e de amor, só tentando sobreviver.

Quando cheguei à adolescência, consegui trabalho como empregada doméstica. Um dia encontrei meio frasco de Valium e tomei todos os comprimidos que havia nele, decidida a pôr um fim em minha agonia. Acordei no hospital chorando porque ainda estava viva, ao lado de uma sacolinha plástica com os poucos objetos que possuía. Disseram-me que meus patrões não queriam se encarregar de uma adolescente com problemas emocionais e que haviam me demitido. Eu me senti pior que antes, pensando que na próxima vez cortaria os pulsos.

E foi então que uma enfermeira me trouxe o milagre que salvou minha vida: *Você pode curar sua vida*, de Louise Hay. Li o livro e senti um palpitar no corpo, na alma e no coração. Até onde podia lembrar, era a primeira vez que sentia esperança.

Louise se tornou a mãe que perdi, e também minha amiga; portanto, busquei todos os produtos dela que consegui achar. Além de ler seus livros, eu ouvia a voz dela e levava comigo, o tempo todo, seus cartões de afirmações, distribuindo-os sempre que surgia a necessidade.

Desde que fui apresentada a Louise, muitos milagres aconteceram em minha vida:

– Aprendi a cuidar da criança solitária e insegura que estava sempre chorando dentro de mim.

– Libertei-me do pensamento negativo, da culpa, da amargura e da tristeza.

– Embora fosse apenas uma adolescente, trabalhei muito para ajudar outras pessoas; quando surgiu a oportunidade, fui para a faculdade e me tornei psicóloga.

– Depois de descobrir que a mente, o corpo e a alma são uma só entidade, eu me tornei instrutora de ginástica. Falei às pessoas sobre como a mudança em nosso jeito de pensar podia mudar nossas vidas.

– Passei da extrema pobreza a uma posição confortável; mas, como meu coração e minha alma estavam buscando objetivo e sentido, optei por abandonar a segurança financeira em favor da liberdade e da paz interior. Agora, sempre que posso, sou voluntária em hospitais. Gosto, principalmente, de passar tempo com crianças, para poder lhes dar amor e incentivá-las a não desistir. Meses atrás resolvi investir cada segundo de minha vida em divulgar a mensagem de que existe esperança para todos.

Muito obrigada, Louise. Hoje em dia eu falo, respiro, como, durmo e me movo com você no coração. Eu a amo.

O chamado de minha alma
Marina, estudante, Espanha

Minha conexão com Louise Hay começou de forma curiosa, em 2002, quando eu me sentia muito perdida e procurava alguém ou alguma coisa que me ajudasse. Ainda lembro em detalhe como descobri, aos 23 anos de idade, o livro *Você pode curar sua vida*. Eu tinha ido para a casa de uma amiga e disse em voz alta: "Por favor, preciso de ajuda!" Olhei para a estante de livros e ali estava ele! Isso foi só o começo – mais tarde descobri que os milagres estavam por toda parte.

Àquela altura da vida eu andava desesperada. Por mais de um ano eu tinha passado por vários surtos depressivos e desde criança vinha sofrendo de anorexia e bulimia. Eu me sentia mesmo confusa. No decorrer do fim de semana que passei na casa da pessoa amiga, eu li o livro de Louise inteiro, e fiquei em choque durante algum tempo. Nunca tinha ouvido dizer que meus pensamentos pudessem criar alguma coisa – logo, fiquei simultaneamente zangada, por não conseguir aceitar essa ideia, e deslumbrada, por todo o bem que ela podia trazer se eu tentasse colocá-la em prática.

O passo seguinte foi comprar meu próprio exemplar e começar a praticar as afirmações de Louise. Para mim o mais difícil foi dizer a frase "Eu me amo". Apesar de ser uma declaração curta, a mente pode ter dificuldade em aceitá-la. Com o passar do tempo, percebi que se quisesse superar minha depressão e meus problemas alimentares, eu precisava começar a me amar. E foi o que fiz!

Posso garantir a vocês que nunca mais tive os problemas que antes tornaram a minha vida tão infeliz. E, agora, quando vejo que não estou me alimentando bem, ou quando enfrento dificuldades com alguma situação, lembro-me de não ter medo, que isso é apenas o alerta dado por minha alma. As afirmações de Louise me ajudaram a ver que não há necessidade de me tratar com ódio ou de me castigar.

Em minha vida houve muita gente que me ajudou, pessoas às quais me sinto muito grata. Mas sua mensagem, Louise, tão clara e direta, foi o alicerce da minha cura. Muito obrigada por todo o trabalho que você fez e ainda está fazendo. Você mudou minha vida para melhor, e eu lhe envio muito amor.

Lavagem cerebral positiva
Janet Rebecca, corretora imobiliária, Alabama

Eu tinha 18 anos quando li pela primeira vez *Você pode curar sua vida*. Havia dois anos, desde a morte de meu pai, que eu lutava de forma intermitente contra a depressão suicida. Também tinha enfrentado uma infância muito infeliz, repleta de crítica religiosa e rejeição – sentia vergonha do excesso de peso e me diziam que eu não tinha nenhum talento.

Os diversos antidepressivos que tinham sido receitados para mim nunca funcionaram. Então, encontrei o livro de Louise Hay, que me deu um poder que não suspeitava que possuísse. A ideia de ter escolha e responsabilidade por tudo o que acreditava me deixou totalmente aberta.

Comecei minha própria lavagem cerebral positiva para me livrar das crenças negativas com que fui criada. Entendi, em primeiro lugar, que Deus é amor – amor *incondicional,* que eu não consigo dimensionar –, e, em segundo, que antes de ser filha de meus pais eu sou filha de Deus. Fiquei deslumbrada com todas as possibilidades que esse entendimento trouxe junto: liberdade, paz e amor sem limites; beleza e prosperidade, tanto interna quanto externa; força e inteligência, vindas do alto. Comecei a invalidar o que tinham me ensinado a vida inteira: que eu não tinha valor, que era inútil, burra, feia e gorda; que jamais teria capacidade de me sustentar financeiramente.

Finalmente, consegui reconhecer a beleza dentro de mim e me tornei uma modelo bem-sucedida – fui remunerada por minha aparência! Em seguida, me tornei corretora imobiliária profissional, aos 21 anos, e quando fiquei milionária, aos 28, provei que havia herdado de Deus inteligência e sabedoria. Comecei a atrair pessoas e relações que me edificavam (e também a eles), em vez de serem destrutivas.

Agora, aos 34 anos, quando olho para trás vejo que minha travessia me levou a lugares que eu jamais havia sonhado. Mas graças à Louise aprendi a nunca estabelecer limites em coisa alguma com que trabalho. É claro que tive minha parcela de problemas, e, com certeza, tenho minhas dúvidas, mas nunca desanimo. Depois de 17 anos de estudo e reflexão sobre mim mesma, estou pronta a me aprofundar e disposta a ver para onde a vida me levará em seguida. Cada vez mais eu acredito nos ensinamentos de Louise.

Uma vida de bênçãos
Judie, ser espiritual, Havaí

Aqui estão algumas coisas em que eu acreditava antes de descobrir Louise Hay:

- Eu era um equívoco.
- Minha irmã e eu brigávamos demais.
- Minha mãe se suicidou porque: (a) eu nasci e (b) porque minha irmã e eu brigávamos demais.
- Minha mãe não me amava o suficiente para continuar viva e me criar.
- Mamãe era esquizofrênica, e como se trata de doença hereditária, eu não deveria ter filhos.
- Eu nunca fui competente.
- Ninguém gostava de mim.
- Eu não era digna da aprovação de meu pai.
- Eu sempre seria abandonada.
- Eu era uma mentirosa.
- Eu não tinha direito a ter limites para meu corpo ou para meus pertences.
- Eu jamais seria confiável.
- Eu era detestável.

Aos 21 anos recebi diagnóstico de neurose de ansiedade e comecei minha primeira rodada de terapias. Depois de um ano consegui entender que não era responsável pelo suicídio de minha mãe e fui capaz de me perdoar por ter pensado isso.

Aos 29 anos eu rezava: "Senhor, se quiser que eu passe o resto da vida sozinha, precisará me ensinar o jeito de fazê-lo. Mas se quiser fazer o que desejo, mande-me alguém que tenha saúde mental, emocional e espiritual!" Foi então que Greg apareceu, e eu nunca mais me importei com o passado.

Mesmo tendo recebido muito amor incondicional de Greg e de nossos dois filhos, eu ainda me sentia como um carro descendo a ladeira com três pneus cheios e um vazio – alguma coisa estava faltando. Então, uma amiga minha me deu o livro de Louise Hay, *Você pode curar sua vida*, e aí começou o verdadeiro processo de perdão. Acabei entendendo que meus pais tinham feito o melhor que podiam, com as ferramentas recebidas dos pais deles.

Louise também me ajudou a entender que eu precisava me conectar com minha criança interior. Encontrei-a encolhida na posição fetal dentro do armário de roupa de cama. Pegando-a pela mão, eu a trouxe para a luz e mostrei a ela todas as pessoas que me amavam e que também iriam amá-la. Prometi que estaria ali para protegê-la e nunca mais deixaria que voltassem a magoá-la.

Sou realmente abençoada, porque Louise entrou em minha vida. Aqui estou, aos 60 anos – tive 30 anos maravilhosos de casamento; tenho dois filhos carinhosos e criativos; moro no Havaí e adoro minha vida. Sinto-me incrivelmente abençoada, e sei que o Universo ainda me reserva outras bênçãos.

Quero que todo aquele que leia isso entenda que você também pode curar sua vida com Louise, e com todas as ferramentas que ela oferece. Não tenha medo – segure a mão dela, e Louise guiará você. E lembre-se de pedir ajuda a seus anjos; eles querem lhe ajudar – só precisam que você peça.

O resgate de meu poder
Christopher, artista plástico, escritor e conferencista motivacional, Belize

Quando eu era um garotinho, valorizava e respeitava a vida. Amava a minúscula ilha onde nasci; plantas e animais eram especiais para mim. Eu rejeitava jogos violentos e lutas corporais com meus colegas. Minha mãe me contou que quando eu era pequeno, acordava toda manhã cantando. Eu acreditava que o mundo era bonito.

Entretanto, entre os 3 e os 8 anos de idade passei por diversas experiências que me deixaram emocionalmente fechado. Não recordo tudo que ocorreu, mas me lembro de quando me encontraram despido, dentro de uma caixa de papelão, com duas garotas que tinham o dobro de minha idade. Recordo intensamente o castigo recebido: fui obrigado a ficar de joelhos numa grade de aço que cobria um bueiro do lado de dentro, junto à porta dos fundos de minha casa. Para garantir a humilhação, fui obrigado a me ajoelhar sem roupa, de frente para a porta aberta. A impressão era de que o bairro inteiro foi rir de mim naquele dia, atirando insultos contra minhas partes íntimas. No entanto, o dano causado à minha autoestima só iria aparecer muitos anos depois.

Enterrei aquela lembrança vergonhosa até acabar no hospital, aos 24 anos, com diagnóstico de distúrbio bipolar. Minha vida se transformou num pesadelo de hospitalização e terapia medicamentosa. Mesmo depois de ter passado 27 vezes por instituições mentais, eu acreditava que no tocante à minha saúde mental havia alternativas. Eu tinha muita fé e estava aberto a tentar métodos diferentes para adquirir bem-estar – então, minha namorada me apresentou Louise Hay e seu livro *Você pode curar sua vida.*

A história de Louise me tocou profundamente, e eu consegui me identificar com o sofrimento e os problemas de autoestima que ela teve no começo. O fato de ela ter sido capaz de abrir mão do ressentimento e de perdoar todas as pessoas de sua vida me deu a coragem de examinar o rancor que eu guardava contra meu pai e muitas outras pessoas, às quais permiti que me tomassem o poder. Aprendi que o abuso infligido na infância acontece mais como resultado de ignorância que de qualquer outra coisa. Assim, na mente de meu pai, sua disciplina era uma tentativa de me ensinar respeito próprio como criança. Louise me deu a coragem de me aceitar e de ver Deus como uma presença amorosa que me aceita do jeito que eu sou. Consegui transformar meus pensamentos e mudar minha mente usando as afirmações do livro dela.

Agora sou a prova viva dos conceitos sobre os quais ela escreveu. Estou completamente curado e livre das drogas, e moro na linda ilha de Belize, fazendo diariamente o que adoro fazer. Sou bem-sucedido como artista plástico, escritor e conferencista motivacional, servindo a outros com meus livros e minha arte. Por intermédio da fé, da oração, do trabalho dedicado, da pesquisa e da orientação Divina, meus anjos vieram em meu socorro. Louise Hay é um desses anjos.

Construindo para mim a melhor vida
Jody Lee, representante comercial, Califórnia

Aos 31 anos eu me vi, de repente, separada de um homem emocionalmente abusivo. Eu tinha dois filhos de menos de 3 anos, e um deles precisava de internação de vez em quando, por causa de sérios problemas de saúde. Com excesso de peso e desempregada, eu tinha uma hipoteca para pagar, batalhas judiciais e um veículo que logo não poderia mais ser usado. Comecei a ter depressão e sentimentos de desespero, e por isso procurei ajuda psicológica para mim e meus filhos. Enquanto aguardava ser atendida na consulta, peguei o livro *Você pode curar sua vida*, de Louise Hay, e li algumas páginas. Como eu não tinha dinheiro para comprar meu próprio exemplar, o terapeuta me deu aquele de presente.

À medida que lia o livro de Louise, adquiri o hábito de dizer afirmações diariamente, e comecei a me sentir melhor. Dentro de curto prazo comecei a praticar corrida, coisa que não fazia desde os 13 anos de idade. Minha depressão desapareceu, e senti crescer o desejo de ser tão saudável quanto possível, tanto interna quanto externamente. Voltei a estudar e comecei a ter aulas de ioga e outros assuntos de interesse que me desafiavam (coisa que eu nunca tinha feito antes). O tempo todo eu ficava lendo *Você pode curar sua vida*, que se tornou minha bíblia.

O ar de cansaço com que eu andava não tardou a desaparecer de meu rosto. Perdi quase 13 quilos e me sentia jovem de novo. Minhas notas na escola eram mais altas que nunca, assim como meu interesse pela formação. Velhas amizades foram renovadas, e também minha concepção da vida. Também comecei uma relação saudável com meu padrasto, depois de 18 anos de ressentimento. Tornei-me outra pessoa, que tinha muito amor para dar, e que também o recebia. No passado, eu tinha sido tão retraída e reservada que acabava rejeitando as pessoas por me sentir indigna delas. Agora, tudo isso tinha mudado dentro de mim.

Eu me sentia com muito poder. Quando meu filho começou a ter problemas comportamentais, pendurei afirmações nas paredes do quarto dele. Enquanto o levava de carro para a escola, eu o fazia se olhar no espelho do visor e repetir em voz alta as afirmações. Certa vez, a caminho de um campeonato de luta livre, antes mesmo de chegar ao tatame ele declarou seu sentimento de derrota. Ainda estávamos a caminho quando abri o espelho do visor e comecei a ajudá-lo com as afirmações. Naquele dia ele ficou em segundo lugar no torneio. Acho que foi então que entendeu pela primeira vez o quanto as afirmações podiam ser poderosas, e se dispôs a continuar trabalhando com elas, até mesmo no ensino médio.

Louise, já faz 20 anos que li pela primeira vez o livro *Você pode curar sua vida*, e quero lhe agradecer por ter me trazido de volta à vida quando eu estava morrendo por dentro. Eu, que tinha só 31 anos, me sentia como se tivesse 91. Quero lhe agradecer por me fornecer as ferramentas necessárias à construção da melhor vida que eu podia ter.

A espiral ascendente
Dalon, agente penitenciário, Texas

Passei anos lutando contra uma séria doença mental e estive quase a ponto de me suicidar em razão de tanto sofrimento. Resolvi tentar um tratamento com acupuntura, e disse ao terapeuta que estava disposto a fazer qualquer coisa para não precisar mais viver daquele jeito. Ele me deu um exemplar de *Você pode curar sua vida* e minha existência deu uma virada.

Precisei ler o livro várias vezes antes de começar realmente a entender certas coisas; com muitas reações adversas a todos os remédios que tomava, eu tinha dificuldade em entender as coisas. Mas fiquei firme e consegui criar muito mais serenidade e organização em minha mente. Depois comprei a fita cassete de Louise, *Love Your Body* [Ame Seu Corpo], que também causou em mim um tremendo impacto. A primeira vez que ouvi a gravação, não pude deixar de chorar, pensando em como não tinha amado meu corpo.

A experiência de completa aceitação eu tive pela primeira vez durante um exercício diante do espelho – entendi que merecia ser feliz e saudável. É impressionante o que as afirmações, o trabalho diante do espelho, o amor e o tempo são capazes de fazer. Agora estou realmente gostando de ser eu mesmo, experiência que acho que só tinha tido quando era bebê. Continuo a fazer minhas afirmações positivas com muita frequência, e se recaio na antiga negatividade não fico me massacrando nem me culpando. Sim, há muitos empecilhos e obstáculos na estrada, mas descobri que nunca estou sozinho, pois sempre posso contar comigo.

Estou muito orgulhoso de mim mesmo por persistir em todo esse trabalho de cura e por permitir que ele me puxe para cima em sua espiral ascendente. Agora estou trabalhando para aprender a ser amável comigo mesmo e com os outros. Isso tem sido uma dificuldade enorme em minha profissão de agente penitenciário.

Recentemente, um detento me ameaçou porque não pude lhe levar água no momento em que desejou. Quando pude atendê-lo, voltei à sua cela para lhe dar água. Ele ainda estava muito agressivo e a recusou. Olhei nos olhos dele e lhe disse que eu o perdoava por tudo o que me dissera. Ele só baixou os olhos e me disse "Muito obrigado". Eu tentava não esquecer que no fundo ele era uma criança brutalizada e atormentada. Fiquei comovido pelo fato de que ao dizer três palavras simples – *Eu te perdoo* – eu tivesse conseguido colocar uma imagem positiva na mente conturbada de uma pessoa que provavelmente nunca havia recebido nenhuma gentileza na vida.

Adoro Louise (e a Hay House), e um dia adoraria abraçá-la pelo trabalho que faz. Não sinto mais um vazio interior, e as bênçãos recebidas superam meus sonhos mais otimistas. Resgatei minha vida e me sinto o homem mais sortudo do mundo!

O anjo que salvou minha vida
Natalie, empresária, Utah

Nascida numa religião severa e controladora, aos 18 anos eu fiquei noiva de um polígamo 15 anos mais velho. A primeira mulher dele e eu éramos como água e azeite. Dois anos depois de casada o suicídio me parecia o único meio de escapar, e o mais fácil também. Apesar de minha religião ensinar que eu iria para o inferno se me suicidasse, até isso me parecia melhor do que o mundo a que tinha sido submetida.

Meus dias começavam com lágrimas. No momento em que saía para trabalhar, eu estava dando pulos de alegria, só para começar a chorar de novo. A crise maníaco-depressiva me consumia e muitas vezes eu me metia embaixo da escrivaninha para esconder meu pranto convulsivo. Eu odiava minha vida, mas não tinha coragem de agir, já que isso significaria desafiar minhas crenças e me afastar de tudo o que conhecia.

Foi então que, no armário do banheiro do local de trabalho, descobri um exemplar de *Você pode curar sua vida*. Não levei o livro para casa porque ele não me pertencia, mas não conseguia parar de pensar nele. Finalmente, levei-o emprestado e o li de uma vez só. Não exagero ao dizer que esse livro acabou se tornando minha bíblia. Do momento em que acordava de manhã ao momento em que adormecia, eu repetia em silêncio minhas afirmações – se parava um instante, eu sofria uma crise de ansiedade e começava a chorar.

Bastaram algumas semanas para perceber que tudo estava mudando em minha vida. Aprendi a amar a mim mesma, e meu estado de ânimo se estabilizou. Também reuni coragem para enfrentar a autoridade, inclusive meu marido. Em seis meses consegui assumir o controle da minha vida, e aqui estão algumas das coisas surpreendentes que aconteceram: o dinheiro começou a chegar às minhas mãos de todas as direções; assim, quando foi hora de pegar minha filha e ir embora, eu tinha tudo de que necessitava para partir. Quando meu carro ficou sem gasolina, meu tanque apareceu miraculosamente cheio. E tive muitas experiências em que consegui dominar os elementos a meu redor e abrir portas trancadas.

Você pode curar sua vida tem sido uma das maiores bênçãos da minha vida. Até hoje eu me pego repetindo minhas afirmações e usando a sabedoria de Louise para me ajudar. Fiquei muito agradecida pelos desafios que me foram dados, pois eles me ajudaram a aprender o necessário a me tornar uma luz mais brilhante aqui na Terra.

Louise, você é um anjo que salvou minha vida. Sei de todo coração que Deus mandou seu livro para mim; agora, aos 26 anos, eu tenho a sabedoria e a força para ajudar outras pessoas. Não há dinheiro que possa pagar as lições que aprendi em seu livro, mas eu as estou repassando a outros do melhor jeito possível. Muito obrigada, e que Deus continue a inspirá-la.

O caminho da verdadeira cura
Divna, professora de matemática, Iugoslávia

Em 1992, aos 45 anos de idade, eu era casada, tinha dois filhos e trabalhava como professora de matemática. Então, fiquei muito doente e perdi a visão nos dois olhos. Fui tratada com corticoides por oftalmologistas de Belgrado, cidade situada a mais de 320 quilômetros de onde eu moro.

Por sorte, os médicos conseguiram restaurar minha visão, mas meu quadro hormonal ficou seriamente desequilibrado em consequência dos efeitos colaterais da terapia com corticoides. Então, em 1997, passei por uma cirurgia de tireoide e paratireoide para remoção de um tumor benigno. Com certeza, não preciso dizer que na época eu me senti péssima.

Por ocasião do bombardeio da OTAN na Sérvia, em 1999, precisei voltar aos médicos para tratamentos adicionais e eles me deram um hormônio estimulante das glândulas suprarrenais. Então descobri que meu marido estava tendo um caso. E isso me magoou tanto que eu caí num quadro de depressão clínica. Na opinião dos médicos, todos os hormônios receitados tinham contribuído para isso, mas mesmo assim fui enviada a uma instituição psiquiátrica em Belgrado.

Lá encontrei muitas mulheres que estavam deprimidas como eu, e uma delas me recomendou a leitura de *Você pode curar sua vida*. Ao sair do hospital comprei um exemplar e li imediatamente. Louise Hay se tornou minha salvadora! O livro dela me ajudou a entender que todas as doenças resultam da relutância em perdoar, fato que para mim foi uma absoluta revelação.

Em seguida, comprei e li todos os livros de Louise que tinham sido publicados em sérvio. Louise abriu minha mente para uma perspectiva totalmente nova e me mostrou o caminho da verdadeira cura. Posteriormente, li quase tudo o que foi traduzido para o sérvio e escrito por autores semelhantes, como Susan Jeffers, Shakti Gawain, Deepak Chopra, Jack Canfield, Mark Victor Hansen e Don Miguel Ruiz.

Aos poucos, coisas boas começaram a acontecer. Em primeiro lugar, eu me aproximei muito de minha filha, que na época também atravessava um período difícil em sua vida; o livro de Louise também causou um forte impacto sobre ela (que acabou se formando em medicina – será que minha doença influenciou sua escolha?). Entendo que as coisas "ruins" que aconteceram em minha vida acabaram realmente resultando no bem maior, porque aprendi a me amar. Assim, fui capaz de me curar e também de curar minha vida.

Agora eu me sinto muito bem. Ainda tenho problemas na visão, mas o importante foi a cura da própria essência da minha vida – meu coração e minha alma. Deus lhe abençoe, Louise. Estou imensamente grata a você.

Como fazer o trabalho com Louise

Seja paciente consigo mesmo enquanto estiver atravessando o processo de mudar seus pensamentos. A mudança é gradual; esperar obter resultados instantâneos só trará frustração e desânimo. Permita que o processo se desdobre naturalmente, dando cada passo quando estiver pronto para ele. Lembre-se também de que você não precisa fazer tudo por conta própria. Aceitar ajuda dos outros quando necessário é um verdadeiro ato de amor-próprio.

Você pode começar sua trajetória para a serenidade e a saúde mental completando os exercícios a seguir. Escreva suas respostas numa folha de papel ou em seu diário.

Como lidar com a raiva reprimida

A depressão é a raiva que jogamos para dentro. Também é a raiva que você acha que não tem direito de sentir. Por exemplo, você talvez sinta que não é correto se zangar com seus pais, seu cônjuge, seu empregador ou seu melhor amigo. Mas o fato é que você *fica* zangado. E se sente empacado. Aquela raiva se transforma em depressão. Hoje em dia há muita gente atacada de depressão, até mesmo de depressão crônica.

Uma das melhores formas de lidar com a depressão é se conceder a permissão de expressar parte da raiva, para não ser obrigado a permanecer nesse estado. Pode ser muito proveitoso dar socos num travesseiro ou soltar gritos fortes; mas procure ir largando de verdade a raiva, à medida que vai dando expressão a ela.

Quando estiver dando vazão à raiva, é normal você se sentir constrangido, principalmente se expressá-la for contra as regras de sua família. Será constrangedor na primeira vez que o fizer, mas depois que você for entrando no processo pode ser bastante divertido e muito poderoso. Deus não irá odiá-lo porque você se zangou.

Depois que tiver liberado parte da raiva antiga, você conseguirá ver sua situação sob nova luz e encontrar novas soluções. Anote as descobertas numa folha de papel ou em seu diário.

Elabore uma lista e perdoe

A seguir ponha para tocar uma música suave – alguma coisa que o relaxe e acalme – e deixe a mente se entregar a divagações. Recue no passado e pense em todas as coisas pelas quais você está zangado consigo mesmo. Anote-as. Escreva *todas* elas. Você talvez descubra que nunca se perdoou pela humilhação de ter feito xixi nas calças, quando estava na escola. É muito tempo para ficar carregando *aquele* peso!

Às vezes, é mais fácil perdoar aos demais que a si próprio. Com frequência, nós somos mais exigentes conosco e insistimos em perfeição. Qualquer erro cometido é punido com severidade. Chegou a hora de ultrapassar essa velha atitude. Os erros são nosso modo de aprender. Se fôssemos perfeitos, nada haveria a aprender – não precisaríamos estar neste planeta.

O fato de ser "perfeito" não trará a você o amor e a aprovação dos demais – só fará com que se sinta "errado" e inadequado. Pegue leve e pare de se tratar assim. É hora de perdoar a si mesmo. Chega de apego. Você não precisa sentir vergonha e culpa em sua vida. Você está livre.

Conheça sua criança interior

Muitos de nós temos uma criança interior que está perdida e sozinha, e se sente muito rejeitada. Talvez o único contato que por muito tempo mantivemos com ela seja repreendê-la e criticá-la. E depois ainda nos perguntamos por que estamos infelizes. Ninguém pode se rejeitar parcialmente e ainda assim desfrutar de harmonia interior.

Parte da cura é reunir todos os pedaços de si mesmo, para ficar íntegro e completo. Vamos trabalhar um pouco para fazer a conexão de todas essas partes que você deixou de lado.

1. Olhe para uma foto. Encontre uma foto sua na infância. Se não tem nenhuma, peça a seus pais ou a outros parentes para enviá-la. Examine cuidadosamente esse retrato. O que você vê? Pode ser alegria, dor, pesar, raiva ou medo. Você ama essa criança? Consegue se relacionar com ela? Escreva algumas palavras sobre sua criança interior.

2. Faça um desenho. Agora, procure criar sua própria imagem de si mesmo como criança, usando giz de cera, lápis de cor ou o material que preferir. Trate de usar a mão não dominante (aquela que não usa para escrever), pois isso ajudará a abrir seu lado mais criativo.

3. Descreva sua criação. O que lhe diz o retrato que você criou? Que cores usou? O que a criança está fazendo?

4. Converse com sua criança interior. Agora, reserve uns momentos para falar com sua criança interior. Descubra mais coisas sobre ela. Se puder, faça perguntas olhando-se no espelho. Aqui estão algumas sugestões:

- De que você gosta?
- De que você não gosta?
- O que o assusta?
- Como você se sente?

- De que você precisa?
- Como posso ajudar você a se sentir em segurança?
- Como posso fazer você feliz?

5. Use visualização. De olhos fechados, imagine a si mesmo abraçando sua criança interior. Diga a ela que você está presente e que fará todo o possível para cuidar das necessidades dela para sempre.

Divirta-se com sua criança interior

Quando você está num estado de ansiedade ou de medo que o impede de funcionar, talvez seja por ter abandonado sua criança interior. Pense em como poderia se conectar de novo com ela, agora. O que vocês poderiam fazer juntas? O que poderiam fazer que fosse *só para vocês*? Escreva 15 possíveis formas de se divertir com sua criança interior. Vocês talvez gostassem de ler bons livros, ir ao cinema, praticar jardinagem e fazer um diário ou tomar um prolongado banho de espuma. Reserve tempo para pensar no assunto.

Depois de completar a lista, experimente algumas dessas atividades "infantis". Procure um playground e brinque no balanço; faça desenhos com giz de cera ou suba numa árvore. Saia de casa e corra à vontade. Corra mesmo, de forma solta e livre – dê cambalhotas, saia saltitando pela rua afora –, e ria enquanto faz isso! Leve sua criança interior para passear com você e se divirta para valer. E se as pessoas ficarem reparando? Ora, o que importa? O que conta é ser livre!

Experimente fazer diariamente pelo menos uma atividade de sua lista. Você *pode* começar a criar uma infância feliz. Que a cura comece!

Autoestima e saúde mental

Agora, vamos examinar a questão da autoestima com relação à sua saúde mental. Responda as perguntas a seguir. Para neutralizar a crença negativa, depois de cada resposta diga uma ou mais das afirmações positivas a seguir.

1. Você sente que merece ter saúde mental?
2. O que mais teme com relação à sua saúde?
3. O que está "recebendo" dessa crença?
4. O que teme que aconteça se abandonar essa crença?

Afirmações

Minha mente cria minhas experiências. Sou ilimitado em minha capacidade de criar o bem em minha vida.

Aceito todas as minhas emoções, mas prefiro não ficar remoendo nenhuma delas.

Medo e tristeza são somente pensamentos, e os pensamentos podem ser mudados.

Minha mente está clara e serena.

Eu me concedo a permissão de ficar em paz e aceitar a perfeição de minha vida.

Estou no controle de minhas emoções e de meu crescimento espiritual.

Vejo meus padrões e escolho operar mudanças.

Estou em segurança no Universo, e toda forma de vida me ama e me ampara.

Estou disposto a me libertar do passado.

Tenho o poder, a força e o conhecimento para lidar com qualquer coisa em minha vida.

Para mim é seguro expressar minha raiva e depois abrir mão dela.

Eu deixo a vida fluir através de mim. Estou em paz.

Estou disposto a seguir adiante com desenvoltura.

Agora, crio novos pensamentos sobre mim e minha vida.

Já não me critico mais; minha mente está em paz.

Eu me amo e me aprovo.

Eu assumo responsabilidade por minha própria vida. Sou livre.

Eu consolo minha criança interior, e nós estamos seguros.

Eu mereço ter uma vida maravilhosa.

Estou em segurança o tempo todo. O amor me envolve e me protege.

Tratamento para a sanidade mental

Peço para mim bem-estar psicológico o tempo todo. Sou meu melhor amigo e gosto de viver comigo mesmo. As experiências surgem e passam, mas sempre posso contar com meu apoio. Faço a opção de ter pensamentos que sejam pacíficos, alegres e animadores. Sou meu próprio eu singular; eu me movimento pela vida de forma confortável, segura e pacífica. Esta é a verdade do meu ser, e eu a aceito como tal. Tudo está bem em meu coração e em minha mente.

Capítulo nove

Como transformar velhas crenças

Cada dia traz consigo infinitas oportunidades de transformação. No entanto, muitos de nós parecem desprovidos da capacidade ou da disposição de abandonar velhos hábitos, mesmo se estivermos presos a padrões de sofrimento. E alguns têm medo de abrir mão do conhecido, por mais estressante que ele seja. Ou, então, ficamos tão envolvidos em viver o quotidiano que sequer percebemos a existência de outro modo de ser.

A cada novo pensamento temos a chance de mudar, pois cada novo pensamento é uma <u>escolha</u>. Podemos escolher um pensamento que vá perpetuar a negatividade ou podemos escolher um pensamento que tenha por base o amor. A criação de uma vida maravilhosa começa com a aceitação de que já somos maravilhosos e só merecemos o bem.

As narrativas a seguir demonstram como a vida pode melhorar, depois de superarmos as antigas crenças.

A mudança do meu destino
Irina, terapeuta holística, Austrália

Nasci na Rússia em 1970. Aos 18 anos me casei; quando completei 20 anos, meu marido, minha filhinha e eu emigramos para Israel. Em 1994 concordei, relutante, em emigrar de novo, dessa vez para a Austrália.

Meu marido era física e psicologicamente abusivo, e eu acabei ficando deprimida e solitária. Depois que descobri um melanoma no braço direito, meu marido me abandonou para ficar com uma mulher que eu considerava minha amiga. Tornei-me mãe solteira, num país novo – eu mal falava inglês, e não tinha onde morar, nem dinheiro, além de não contar com parentes nem amigos. Tudo que eu tinha era minha filha de 6 anos.

Aos 28 anos fui diagnosticada com sete tumores malignos nos pulmões e na coluna. Disseram-me que eu tinha de cinco a oito meses de vida, e minha chance de sobrevivência era de uma para 10 mil. Descobri uma edição russa do livro de Louise Hay, *Você pode curar sua vida,* e ele me ajudou a mudar meu destino. Eu me perguntava: *Por que não posso ser eu aquele caso único em 10 mil?* Queria me curar, e Louise me ensinou como fazê-lo.

Comecei por trabalhar no perdão ao meu ex-marido e no desapego a todo o sofrimento que ele tinha me causado. Também cuidei do meu corpo frágil (como a própria Louise havia feito) com nutrientes, autoestima, meditação, preces, afirmações e atividades prazerosas com minha filha. Os tumores acabaram desaparecendo e eu procurei obter todos os livros de Louise que consegui.

Sabedoria para viver bem me permitiu perceber as razões de tudo aquilo ter acontecido comigo; *Cartas à Louise* me ajudou a me sentir amada; *Pensamentos poderosos* me forneceu motivação diária e *Empowering Women* me inspirou a me tornar uma mulher positiva e decidida, com a capacidade de fazer minhas próprias escolhas. E a seguinte afirmação me trouxe de volta à vida e abriu caminho para meu sucesso: *Tudo está bem. Tudo está trabalhando para o meu melhor. Dessa situação só poderá vir o bem. Estou em segurança!*

Louise tornou-se uma verdadeira fonte de inspiração em minha vida. Aprendi a confiar na vida e a vida começou a cuidar de mim. Exatamente um ano depois de ler pela primeira vez *Você pode curar sua vida*, conheci um paquistanês muçulmano, pelo qual me apaixonei (embora eu seja judia!) e que se tornou meu parceiro espiritual e meu melhor amigo. Já estamos casados há nove anos e, apesar do conselho médico, tive outra filha. Os mesmos médicos não conseguem explicar minha recuperação miraculosa. Mas sei que *qualquer coisa* é possível quando a gente acredita!

Estou agradecida ao câncer porque ele mudou minha vida para melhor, e estou agradecida à Louise, que se tornou minha maior mestra. Ela me ensinou a mudar meus pensamentos e crenças, e também a amar a mim mesma. Atualmente, sou terapeuta holística e ajudo outros a transformarem em poder suas próprias experiências dolorosas; tenho imensa paixão por esse trabalho. "Você pode fazer isso", eu digo a eles. "Louise Hay conseguiu, eu consegui, e, sendo assim, você também consegue."

Liberdade interior
Adam, artista plástico, Califórnia

Sou um homem de 30 anos que desde os 16 vem sobrevivendo numa jaula de concreto. Atrás dessas paredes geladas foram poucas a compaixão e a cura que vivenciei. O único alívio que senti veio na forma de álcool destilado por detentos e das variadas drogas que circulam no interior do sistema prisional.

Há quase três anos, num dia maravilhoso, fui apresentado à Louise Hay por minha orientadora espiritual, com quem eu estava me correspondendo. Extremamente humana, essa mulher me revelou sua admiração por Louise e me contou como esta havia mudado a vida dela. Minha carinhosa amiga foi muito persistente em me falar sobre a obra de Louise. Então, há dois anos, enquanto eu estava "no buraco", acabei inspirado pelas numerosas afirmações revolucionárias trazidas pelo livro *Você pode curar sua vida*. Aprendi que se quisesse ver mudança, então eu deveria fazer a mudança; com isso os outros ao meu redor mudariam sua forma de se relacionar comigo.

Comecei a praticar as afirmações e o perdão. Fiquei surpreso de ver que o ato de escrever repetidamente uma afirmação gerava o poder de transformação. Entendi que eu era digno de amor e de cura – e milagrosamente encontrei a liberdade interior!

Outra ferramenta extremamente eficaz que estou usando hoje em dia é o *Love Yourself, Heal Your Live Workbook*. Esse livro de Louise me ajudou a me entender melhor ao reconhecer meus defeitos de caráter e transformá-los positivamente. Estou trabalhando na cura das feridas internas que sofri, alimentando a mente e o coração, e cuidando da criança interior. As pessoas se espantam com as notáveis mudanças para melhor que estou fazendo.

Recebo com alegria os livros da Hay House, que acrescentam esperança e cores alegres à minha vida. Indubitavelmente, eles fazem milagres em ampliar minha percepção consciente – eu me expandi imensamente. Também levei esses livros para o meu médico daqui, que os aprova e os pôs ao alcance de outros detentos, muito necessitados.

Na verdade, eu agora tenho muito mais autoestima, além de uma perspectiva mais positiva da vida, e gosto de começar cada dia com uma afirmação do livro *Everyday Positive Thinking*. Louise mostrou que eu tenho o poder de curar a mim mesmo – e o fato de estar me curando mais a cada dia parece um milagre.

Louise, muito obrigado pelo imenso efeito positivo que você provocou em minha vida, num lugar onde quase não existe compaixão.

Uma nova ideia e um novo caminho
Cheryl, professora do ensino fundamental, Michigan

Louise Hay pareceu ter chegado à minha vida quando eu mais precisava dela, exatamente como um pequeno milagre. Acho que se pode dizer que estava atravessando minha "crise dos 30". Para todos os conhecidos eu parecia ótima; mas, no fundo do coração, estava caindo num buraco, do qual não sabia como sair.

Eu tinha me graduado na universidade com nota máxima, casado com meu namorado dos tempos de colégio, passado uma lua de mel maravilhosa no México e me mudado para uma fascinante casa. Porém, de repente, se acabaram essas coisas ótimas e eu comecei a sentir muita ansiedade. Tinha a impressão de que se conseguisse encontrar emprego a maioria dos problemas desapareceria. Então, por não conseguir emprego imediatamente, tive a sensação de que perdera a independência. Agora, aos 23 anos, eu era considerada uma "dona de casa", o que não era o meu desejo. Precisava criar meu próprio caminho, mas não sabia como. Senti-me paralisada.

Nisso, em fevereiro de 2008, sintonizei por acaso um episódio do *Oprah Winfrey Show*, que tinha Louise como convidada; tive a imediata sensação de que deveria assisti-lo. Quando Louise falou, parecia falar diretamente comigo. O título do livro dela *Você pode curar sua vida* me deixou curiosa. O fato de podermos criar a própria felicidade por meio da mudança de nossos pensamentos e crenças foi para mim um conceito fantástico! Essa nova ideia me deu esperança de poder sair do buraco onde estava e começar a amar de novo a vida.

Logo que possível, comprei um exemplar do livro de Louise. Eu me identifiquei com muitas coisas em suas páginas. Sempre que me sentia esmagada, estressada, triste ou apenas queria prosseguir minha cura, eu apanhava o livro e me sentia melhor. Comecei a fazer afirmações diárias e acabei decorando as favoritas, para tê-las comigo aonde fosse.

A própria história de Louise no livro me inspirou. Lembro-me que ela, ao receber um diagnóstico de câncer, recorreu à psicoterapia como uma das formas de cura. Sentindo que precisava fazer mais para continuar meu sucesso, comecei também a fazer terapia. O diálogo com um profissional foi só mais um passo no trajeto para minha cura.

Quanto mais eu praticava, mais começava a ver mudanças positivas em minha vida. Conforme Louise tinha dito, eu estava começando a ver milagres surgirem do nada: logo consegui um emprego, minha relação com meu marido melhorou e minha irmã e eu tornamos a nos aproximar. Minha ansiedade diminuiu e comecei a me concentrar naquilo que realmente desejava na vida. Embora ainda esteja trabalhando em mim mesma, já repassei a outros o aprendido com Louise – agora minha família está lendo *Você pode curar sua vida* e aprendendo por si mesma sobre o poder de novas crenças. Eu me sinto muito abençoada por ter encontrado Louise!

Meu melhor eu
Eva Marie, vocalista profissional, Kentucky

O ponto do poder está sempre no momento presente. Palavras como essas (e muitas outras), ditas por Louise Hay, me ajudaram a mudar minha vida, a me amar, a prosseguir minha evolução e me tornar minha melhor expressão como pessoa – além de me conectar todo dia com o Divino em tudo e em todos.

No outono de 2008, meu pai foi diagnosticado com um caso terminal de câncer de pulmão. Disseram que ele só viveria um ano, no máximo, dois. A notícia foi realmente arrasadora para mim e para a minha família. Mas naquele momento o Universo falou comigo, me revelando que eu tinha opção: podia continuar em meu caminho atual, levando uma vida de decepções e medo; ou podia mudar e, pela adoção de novos pensamentos e crenças, ser o melhor que podia ser e criar a vida com que sempre sonhei.

Àquela altura eu era considerada clinicamente obesa; tinha enormes dívidas no cartão de crédito; estava vivendo num ambiente insalubre, com gente que me humilhava; e o pior de tudo: não sabia como me amar ou amar minha vida. Foi então que comecei a ler um livro de Louise que mudou minha vida para sempre – *Você pode curar sua vida.* Depois de esmiuçar os capítulos, fui procurar outros de seus livros, programas em fita cassete e em DVD. Assimilando todos eles, juntamente com a sensacional sabedoria e o amor que contêm, consegui abrir os olhos e ver a mim e ao mundo sob nova luz. Graças aos exercícios e às belas afirmações que Louise oferece, consegui trabalhar para me livrar de muitas das antigas crenças negativas que estavam me restringindo. Comecei a me amar e a ser uma criadora deliberada de minha própria existência.

Agora, um ano depois, tenho o orgulho imenso e a gratidão de informar que perdi quase 30 quilos e que estou mais saudável do que nunca. Moro numa bela casa própria, não tenho dívidas e estou mais estável financeiramente que em qualquer época do passado. Posso dizer, pela primeira vez na vida, que me amo verdadeiramente e à minha vida. Também sinto que em função de minhas novas crenças e atitudes estou propensa a incentivar os que me cercam. Repassei os livros e a sabedoria de Louise para muitas pessoas amadas, que igualmente se beneficiaram demais com suas maravilhosas dádivas.

Louise, eu lhe agradeço por ser quem é, e por todas as coisas gloriosas que você faz. Por sua causa, sei que minha aventura está só começando, e estou adorando cada minuto dela!

Voltando a me sentir viva
Parvin, webmaster, Canadá

Aos 12 anos perdi meu pai; aos 18, saí do Irã após a revolução e fui para a Índia; aos 21, me casei; aos 26, mudei-me para o Canadá.

Se levarmos em conta a forma como fui educada e o meio cultural em que me criei, eu era uma garota muito independente quando saí do Irã. Entretanto, depois do casamento minha vida virou de cabeça para baixo. Minha relação conjugal era um desastre: eu me via submetida a constantes abusos físicos e psicológicos. Aos poucos fui perdendo a autoestima e todos os elementos que faziam de mim o que eu era àquela altura.

Tive meu primeiro filho em 1985. Embora desde o ano anterior eu já morasse no Canadá, ainda estava passando pelo choque cultural e detestava estar longe da família. Por ter um marido violento, ser mãe de um recém-nascido, me sentir inexperiente no papel materno e não contar com nenhum apoio na vida, eu estava com a autoestima zerada. Muitas vezes pensei em ir embora, mas a falta de autoestima não permitiu. Quatro anos e meio depois tive meu segundo filho, e as coisas se agravaram. Ganhei peso e não tinha nenhuma vontade de cuidar de mim.

Em 1991, perdi minha irmã mais velha num acidente de carro, e não pude ir ao enterro porque o governo do Irã não me deixou voltar ao país. De tão devastada, chorei dia e noite durante meses, e meus cabelos começaram a cair. E mesmo ganhando mais peso corporal eu me sentia como se praticamente nada mais restasse de mim.

Durante todo esse trauma comecei a trabalhar como auxiliar num pequeno consultório dentário. Um dia, vi que a dentista com quem eu trabalhava tinha um livro nas mãos; na capa havia um grande arco-íris. O título era *Você pode curar sua vida*. Pedi o livro emprestado por alguns dia e ela consentiu. Lembro-me que ao chegar em casa naquela noite, eu mal podia esperar a hora de botar as crianças para dormir e lê-lo. Começando a leitura, tive certeza de que o livro tinha sido escrito para mim. A impressão era de que alguém estivesse derramando uma deliciosa água fria no fogo que me queimava por dentro. Fiz os exercícios e li cada página; eu me sentia viva outra vez.

Acho que o li umas 20 vezes e, por fim, pude novamente me firmar em meus próprios pés e me valorizar. Depois de um tempo já conseguia parar diante do espelho, me olhar nos olhos e dizer "Eu te amo". Encontrei alguns amigos muito bons e a vida começou a ter algum sentido. Eu agradeço a Deus pela minha chefe dentista e, principalmente, por Louise Hay. Ao longo dos anos fui comprando todos os livros e CDs de Louise – e sempre que encontrava alguém na mesma situação em que estive, eu dava à pessoa, como presente meu e de Louise, um exemplar de *Você pode curar sua vida*.

Louise, eu te amo de todo coração. Muito obrigada por tudo.

Bênçãos para uma viagem segura
Sandra, gerente administrativa, Colorado

Há um ano me mudei para Fort Collins, Colorado; porém, meu local de trabalho fica em Cheyenne, Wyoming, a uns 65 quilômetros de distância. Depois de ouvir histórias apavorantes sobre as condições climáticas no inverno e o mau estado das estradas entre as duas cidades, comecei a me preocupar constantemente com o tempo, e ficava muito nervosa na ida para o trabalho, e na volta. Foi então que li o conselho de Louise Hay de que abençoasse minha viagem e também meu carro antes de sair de casa. Portanto, foi isso que comecei a fazer; agora, toda vez que vou para o trabalho e volto para casa, abençoo o carro, o tempo e os outros motoristas na estrada. Termino dizendo: "Muito obrigada, meu Deus, por uma viagem segura".

E aqui está o lado milagroso. Neste último ano tivemos gelo, tempestades de neve, ventos fortes e furacões... Mas nunca quando eu estava na estrada. Voltando do trabalho para casa, vi caírem nevascas no momento em que eu saía pela porta afora; mas ao virar a esquina, pegava céu limpo. Um dia tivemos uma ventania constante de mais de 80 quilômetros por hora; quase ao final do expediente uma colega saiu do prédio e anunciou que o vento tinha parado por completo. Eu apenas sorri e disse: "Muito obrigada, meu Deus."

Para muita gente essa história talvez não pareça importante, mas para mim tudo isso tem sido fundamental. Estou verdadeiramente agradecida pelo presente que Louise me deu e os milagres que tenho vivenciado ao mudar minhas crenças e a ter fé no poder dentro de mim.

Meu momento de clareza
Rosalyn, funcionária pública, Flórida

Durante anos tive a sensação de estar destinada a *ser* mais e *ter* mais do que minhas circunstâncias pareciam permitir. Obviamente, eu queria mais coisas desta vida, mas, quanto mais eu tentava, maior era a sensação de ficar rodando sem sair do lugar. Sempre tive um bom emprego, embora o salário mal cobrisse os gastos. Eu sempre dizia: "Só quero ter o bastante para pagar as contas" – e era exatamente o que obtinha.

Anos atrás fui apresentada ao livro *O poder do pensamento positivo*, de Norman Vincent Peale. Mesmo entendendo as palavras, o sentido do texto me pareceu difícil de compreender. Depois, passados três anos, jurei que as coisas iriam mudar para mim. Estava disposta a fazer tudo que pudesse para garantir tal resultado.

Depois que tomei a decisão de que minha vida iria melhorar, foi como se as coisas começassem a entrar nos eixos. Para começar, resolvi que em vez dos típicos livros de ficção que vinha devorando desde os 12 anos, todas as minhas leituras a partir de então contribuiriam para me tornar uma pessoa melhor. No entanto, só tive meu momento de clareza depois de levada a ler o livro de Louise Hay, *Você pode curar sua vida*.

Achei tão instigante a ideia de ter o poder de pensar para além da minha situação atual, e de concentrar os pensamentos na forma que desejasse ver minha vida assumir, que decidi colocar em prática a teoria. *Afinal de contas*, pensava, *aqui está uma pessoa que curou a si mesma de um câncer. Se ela conseguiu fazer isso, então eu devo conseguir mudar minha situação, que não tem, jamais, a mesma gravidade.* Portanto, pensei em como desejava que minha vida fosse. Aos poucos, usando uma afirmação por vez, comecei a acreditar que as coisas mudariam. Só então comecei realmente a curtir a viagem.

Quando li "a lista" no livro de Louise, com suas causas prováveis para problemas específicos mente-corpo, fiquei assombrada. Eu tinha passado um ano com problema num dos ouvidos. Fui ao médico e tentei descongestionar o ouvido, mas nada adiantou. Então, eu me lembrei de uma pessoa próxima cuja tendência era falar sobre cada mágoa que sofreu na vida – e eu, tendo atingido o ponto de não querer ouvir mais a respeito, tinha começado a desligar o som. Isso explicava meu problema auditivo! Comecei a repetir diariamente o novo padrão de pensamento sugerido por Louise. Uma semana depois tentei desbloquear o ouvido, e que surpresa! Tudo estava normal. Desde então não tive mais nenhum problema de audição... E já não me espanto quando em minha vida começam a aparecer as coisas que eu permito surgirem.

Obrigada, Louise; eu sou a prova viva de que uma pessoa realmente pode curar sua vida.

Eu mereço ser feliz
Tamara, terapeuta espiritual, Arizona

Em 1996, eu estava matriculada no Instituto Sueco em Manhattan, estudando para me tornar massoterapeuta. Depois de diagnosticada com algumas doenças autoimunes, fui aconselhada a abandonar a escola porque a massagem iria afetar minhas enfermidades. Fiquei inconsolável – eu adorava frequentar a escola e ajudar a cura de outras pessoas.

Ao ver minha aflição, uma amiga me deu o livro *Você pode curar sua vida,* de Louise Hay. No começo achei que era pura enrolação, mas, quanto mais eu lia, mais meu espírito parecia ficar leve. Comecei a usar afirmações e até a prendê-las no painel do carro. Eu chorava cada vez que dizia a mim mesma *Eu mereço amor* ou *Sou perfeita do jeito que sou.* Minha mente estava angustiada e minha alma sabia a verdade.

Recém-saída de um casamento abusivo, eu ficava lembrando a mim mesma: *Eu mereço ser feliz.* Pouco depois de ter minha própria casa com meus filhos, sofri um terrível acidente de carro com minha filha de 9 anos, que morreu uma semana depois. Agarrei-me de unhas e dentes às minhas afirmações, e mesmo através de muito pranto trabalhei para me perdoar.

Repetia sem cessar: *Eu mereço ser feliz.* Minha mente não queria acreditar nisso, mas, por outro lado, meu espírito ansiava por essas palavras, que me traziam paz. Não importa o que estivesse acontecendo, ou que a situação andasse ruim – por causa do alcoolismo, das relações familiares tensas e dos meus problemas de saúde –, eu usava afirmações para chegar ao final do dia. E, pode crer, elas funcionavam.

A essa altura, já fazem dez anos que estou em recuperação; minhas relações familiares estão curadas e eu tenho uma vida maravilhosa. Minha afirmação favorita é: *Eu mereço dar e receber amor.* Com esse fim atraí para minha vida um homem maravilhoso, que me ama em *todos* os aspectos.

Agora coordeno um grupo feminino de fortalecimento espiritual para dependentes de drogas, prostitutas e mulheres vítimas de abuso; como parte de minhas aulas uso o livro de Louise, *Empowering Womem* e o DVD de *Você pode curar sua vida*. No fundo do coração sei que o impacto do trabalho dela me ajudou a curar minha vida, transformando o desespero em esperança. Tudo está bem em meu mundo!

Obrigada, Louise, e Deus abençoe o trabalho que você fez por mim e pelos outros.

Salvando a mim mesma
Kelly, escritora e blogueira autônoma, Austrália

Louise Hay é para mim o que mais se aproxima de um guru. O livro dela *Você pode curar sua vida* me abriu os olhos para uma nova forma de ser, e me permitiu vislumbrar quem eu poderia vir a ser. Em resumo, essa leitura mudou para sempre o curso da minha vida.

Quando minha mãe me deu o livro de Louise eu só tinha 20 anos, mas já conseguira atrair uma relação que era controladora, emocionalmente abusiva e violenta. Por fora eu parecia uma moça inteligente e dinâmica, com a vida inteira à sua frente. Por dentro, no entanto, eu era uma criança atormentada que gritava, protestando contra o abandono, a inocência perdida e a vergonha do abuso sexual. Queria desesperadamente ser feliz, mas o mundo em que vivia estava cheio de dor e de crítica. Eu estava tentando muito ser perfeita e me odiando porque não conseguia.

Ao ler a história de Louise, foi como se o sol raiasse. De repente, eu podia ver que nem todos os dias precisavam ser nublados – em algum lugar havia um céu azul! Entendi que precisava mudar a mim mesma antes de poder sequer ter a vida que havia sonhado.

Eu sabia que um lado da família tinha tendência ao câncer, e o outro, ao alcoolismo e às doenças mentais. Não queria uma vida que incluísse essas coisas, mas já havia sinais de que a dependência e a depressão estavam à espera de se tornarem minhas amigas íntimas. Ali mesmo decidi que iria me refazer e à minha vida, e transcenderia tudo o que acontecera antes.

Esse percurso levou muitos anos, principalmente porque não é fácil abrir mão do passado. Os acontecimentos podem se apagar da memória, mas o sentimento de perda, a rejeição e a traição costumam perdurar e se alojar no coração da gente. Eles entopem as artérias e pesam no peito, dando-lhe a sensação de estar se afogando na feiura que foi sua vida.

Eu precisava optar pela mudança, e isso envolvia abrir mão do passado e do conforto do meu sofrimento. Sim, eu tinha muita razão de estar zangada com o mundo – não tivera sorte e merecia algo melhor. Mas Louise me fez ver que a única pessoa que ia me dar uma vida melhor era *eu mesma*. Eu tinha que me salvar.

Em 1995, tive a sorte de encontrar Louise e conversar com ela depois de um seminário em Sydney – jamais esquecerei a luz que se desprendia dessa mulher. Ela é incandescente, como um anjo, o que é muito adequado. Afinal de contas, o que aprendi com Louise foi que eu também sou um anjo que vive e respira, e merece amor incondicional e aceitação. Eu mereço o melhor que a vida tem a oferecer e me amo exatamente do jeito que sou.

Louise dá uma mãozinha
Linda, terapeuta da luz e corretora imobiliária, Califórnia

No começo da década de 1980, encontrei na Bodhi Tree Bookstore em Los Angeles o "livrinho azul" de Louise Hay, *Cure seu corpo*. Descobrir semelhante recurso me deixou surpresa e maravilhada. Consegui entrar em contato com Louise e lhe falar do trabalho que eu estava fazendo com detentos em prisões de segurança máxima.

Louise enviou gratuitamente uma centena de exemplares de *Cure seu corpo*, para distribuição aos prisioneiros em vários pontos dos Estados Unidos. Emocionados com a doação dos livros, os detentos depois os passaram aos capelães e às bibliotecas prisionais. Tenho certeza de que a luz se multiplicou exponencialmente, e continua a fazê-lo!

Anos depois levei minha mãe para conhecer Louise, que na época estava dando consultas particulares; queria que ela tivesse ajuda para resolver problemas de sua própria vida. Eu lhe disse: "Mamãe, essa moça não é daqui; ela só veio a este planeta para dar uma mãozinha." Fui visitar a mãe de Louise enquanto a minha estava fazendo um tratamento, e gostei muito.

Enquanto deixávamos a bonita casa de Louise em Santa Mônica eu perguntei a mamãe: "E aí, o que achou?" Sorrindo encantada ela disse com doçura: "Você tinha razão! Louise não é deste mundo! Deve ter vindo aqui só para dar uma mãozinha!"

Ao longo dos anos dividi com muita gente os livros e as ideias de Louise. Recentemente, me emocionei ao ver o filme dela, que a meu ver terá sobre o planeta um impacto maior ainda que o causado por *O Segredo*. Louise é uma pioneira, e me considero com muita sorte por tê-la conhecido e recebido a bênção de seus ensinamentos e sua presença. Na qualidade de mulher, ela é uma inspiração; como líder empresarial e terapeuta da luz, ela é brilhante!

Elevada ao céu
Pamila Faye, consultora de feng-shui, Virgínia

Em 1996, recebi de uma amiga um exemplar de *Cure seu corpo* e fiquei chocada pela verdade e autenticidade por trás da conexão mente-corpo. Então, em 1999 minha vida sofreu uma explosão: depois de 20 anos de casamento, meu marido foi apanhado tendo um caso e em seguida me abandonou; minha filha mais velha, que estava concluindo o ensino médio, ficou grávida e queria se casar com um rapaz que o pai dela, no ano anterior, a proibiu de namorar, e, além disso, eu fui diagnosticada com câncer cervical em terceiro estágio. Cheguei ao fundo do poço e precisava encontrar uma forma de me reerguer.

Nos anos que se seguiram, li diversos livros de Louise, e cada um deles me ajudou na cura. Meu favorito chegou no dia em que eu, mais deprimida que nunca, tinha ido a uma livraria em busca de algo que me ajudasse. Pedi orientação ao Universo para encontrar o livro certo e ali estava ele: *Gratidão: um estilo de vida*, de Louise Hay.

Quando cheguei em casa, imediatamente me sentei para ler cada história. Esse livro me ergueu nas alturas e me permitiu entender, a partir das histórias de todas aquelas pessoas, que tudo daria certo para mim – eu nada tinha a temer e só precisava me amar e confiar em mim. O Universo me traria o que eu desejasse, e tudo ficaria bem. Naquela tarde manifestei meus desejos, vesti minha roupa favorita, toquei minha música favorita e despejei minha alma dentro daquele momento. Imediatamente, eu me senti muito melhor. O sério problema que me levara ao livro *Gratidão* logo se resolveu – ele foi tão bem-resolvido que eu não poderia ter imaginado tão maravilhosa conclusão!

Depois daquele dia, já comprei aquele livro 12 vezes, para amigos e parentes, pedindo-lhes que leiam pelo menos uma história por dia, quando se sentirem desanimados e desesperados. E todos admitiram que o livro os ajudou muito!

Louise, obrigada por partilhar toda a verdade que você aprendeu na vida. Estou grata para sempre, e espero em breve encontrá-la para poder lhe dar um abraço enorme!

A revolução de Louise
Bayleigh, corretora de seguros, Indiana

A primeira vez que vi Louise Hay foi em 2008, no programa *Oprah*. Recém-demitida de um emprego que me deixava infeliz, eu estava cercada de influências negativas e me sentia solitária e tristonha. Assisti ao episódio e de imediato encomendei o livro *Você pode curar sua vida*. Tendo feito anotações enquanto assistia ao programa, eu estava decidida a mudar de vida, enquanto o livro não chegava. Criei um quadro de visualização e comecei imediatamente a dizer as afirmações.

Estou impressionada com tudo que experimentei nos últimos seis meses. Reencontrei minha espiritualidade e tenho uma relação sincera com Deus. Também estou trabalhando no sentido de saldar minhas dívidas. A atitude positiva me impediu de afundar durante os quatro meses que precisei para conseguir outro emprego; encontrei uma nova carreira, de que gosto muito. Reatei com meu primeiro amor, do qual fiquei noiva, e vamos nos casar em outubro (anteriormente eu tinha resolvido ficar solteira para o resto da vida). Meu noivo também leu *Você pode curar sua vida* e está se tornando um homem forte, depois de anos de submissão. (Avisei a ele que não me casaria com alguém que se recusasse a ler o livro ou a aceitar as afirmações que estão ditas ali. No começo ele hesitou, mas, agora está lendo!)

Meu noivo tem dois filhos pequenos. Compramos para eles de presente de Natal os livros de Louise, e os meninos estão aprendendo a fazer afirmações diárias, entendendo que podem optar por serem positivos. Com o tempo, nós os vemos melhorar, e estamos empolgados em saber que a vida deles será enriquecida desde muito cedo.

Recomendei a todos os conhecidos que comprem *Você pode curar sua vida* e que deixem de procurar desculpas para os problemas da vida deles. Hoje minha mãe, minha irmã e minha tia também são parte da revolução de Louise! Tenho a impressão de que conheço Louise – ela é uma linda luz que orienta minha vida. Adorei o filme dela, e ouço seus CDs de afirmações quando preciso de reforço. Alguma coisa boa sempre acontece depois dessa "restauração".

Louise, sou muito grata a você! Agora, sou uma mulher muito feliz, e a cada dia minha vida vai ficando mais sensacional!

Já estou sendo
Susan, bartender, especialista em
recursos humanos, tabeliã... entre
outras coisas, Massachusetts

Recordo um Dia de Ação de Graças quando eu tinha 5 ou 6 anos; minha tia me perguntou o que eu queria ser quando crescesse. Com olhar espantado, respondi: "Eu já estou sendo." Expliquei, então, que mesmo depois de ter crescido eu ainda seria eu. Minha tia, parecendo igualmente espantada, ficou sem saber o que dizer.

Naturalmente, com o passar do tempo acabei entendendo o que ela estava perguntando... e conforme indicam minhas ocupações acima, eu me tornei muitas coisas. Mas a verdade é que dotes, talentos, pensamentos etc., exigidos para "ocupar" meu tempo, já estavam presentes quando nasci. São somente as crenças sociais que exigem um certificado para cada ocupação. Eu poderia acrescentar mãe, filha, irmã e mulher, também – mas, por outro lado, a capacidade de manter todos esses papéis já estava presente como parte do meu ser.

Na primeira vez em que li o livro de Louise, *Você pode curar sua vida*, em 1984, eu já tinha 28 anos de idade. Lembro-me de ter pensado: *Aqui está alguém que sabe como eu me sinto.* Louise saberia exatamente o que eu quis dizer com "Eu já estou sendo". A essa altura eu já tinha me permitido assumir muitas crenças sociais a meu respeito, crenças que simplesmente não eram verdadeiras. Por exemplo, eu era uma loura de seios grandes e olhos azuis, o que significava que os únicos papéis a que estava autorizada eram o de burra e de gostosa. A leitura do livro de Louise foi o ponto de partida para abandonar numerosos conceitos falsos que eu carregava comigo. Depois de entender de onde, ou de quem, cada crença se originava, consegui abandoná-las, entendendo que, para começo de conversa, não se tratava de uma crença minha.

É um milagre sensacional ser capaz de mudar o pensamento, e ver que a vida da gente muda no mesmo instante. E a mudança é sempre para melhor, porque você está substituindo um pensamento negativo por um pensamento positivo.

Muito obrigada, querida Louise, por partilhar com todos nós seus pensamentos. Eles me devolveram ao caminho de simplesmente "ser"! Envio a você muitos abraços e votos de felicidade.

A ajuda que caiu do céu
Alena, trabalhadora, Holanda

Sou natural da República Tcheca, nascida sob o regime comunista. Meu pai é muito despótico e negativo – nunca me disse que me amava, nem mostrou afeição. Ele também era muito crítico: parecia que nada do que eu fizesse estava correto. Ele achava que essa conduta me fortaleceria, mas isso não aconteceu. Logo que me formei na escola, fui trabalhar em outra cidade. E aos 20 anos mudei-me para a Holanda e comecei vida nova.

Uma amiga veio comigo e por um breve período encontramos emprego e conseguimos um apartamento. Mas na época os tchecos não tinham permissão de trabalhar na Holanda, e acabamos indo parar na rua, vivendo na miséria com gente esquisita e usando drogas. Mas por causa de nossos pais – o dela era ainda pior que o meu – nós não quisemos voltar para a família.

Constantemente, percorríamos as ruas em busca de objetos que a população tivesse jogado fora, para ver se podíamos usá-los ou vendê-los. Como eu adoro livros, toda vez que via algum jogado fora eu o apanhava. E um dia apanhei *Você pode curar sua vida*. Na verdade o livro me chamou atenção por causa da capa colorida, da qual, francamente, não gostei. Naquela época, eu não gostava de cores – minha cor era o preto. Esse é o lado mágico da história: encontrei o livro no chão, no lixo, e não gostei da capa; no entanto, levei-o comigo para ler.

Depois fui visitar meu namorado na Irlanda, mas as coisas não deram certo. Eu queria voltar para a Holanda, mas por causa de um problema de imigração fui deportada de volta para a República Tcheca. Terrivelmente abalada, telefonei para meu irmão, que foi muito legal e me deixou ficar um mês na casa dele.

Essa foi a minha ajuda vinda do céu – se não tivesse sido deportada, eu nunca teria começado a viver como uma pessoa normal, amando a mim mesma e valorizando quem eu era. Agora tenho 29 anos e estou de volta à Holanda, mas dessa vez trabalho num escritório e moro num belo apartamento. Meu sonho é ser professora do jardim da infância. Sei que é meu destino passar tempo com crianças e ensinar coisas que são realmente importantes, tais como amar os outros e a si mesmos.

Por fim, entendi que não preciso ter meu pai dizendo que eu sou ótima. É claro que gostaria de ouvir algum incentivo da parte dele, mas sei que ele está fazendo o melhor que pode. Gosto muito de todos os meus parentes e sou muito feliz por tê-los em minha vida. Este ano nós vamos passar nosso primeiro Natal juntos, depois de muitos anos, o que é maravilhoso.

Agora as coisas estão ótimas. E mesmo que aconteçam momentos difíceis, sei que será apenas uma lição para mim, que devo considerá-los um teste. Eu adoro estar nessa escola da vida!

Eu amo você, querida Louise, e desejo-lhe o melhor de tudo. Para mim você é um anjo que me ajudou, de fato, a curar minha vida. (A propósito, agora eu gosto de todas as cores do arco-íris!)

Um soneto para Louise
Laurie, advogada, Indiana

Nasci num mundo de soma zero, no qual cada um de nós compete por recursos limitados, mundo em que o único jeito de alguém lucrar é o outro sair perdendo. Nesse mundo, a palavra *masculino* significa "forte" e *feminino* significa "fraco". As crianças são para serem vistas e não ouvidas; as mulheres devem se submeter e obedecer. Durante anos lutei para me libertar desse mundo opressivo, sem entender que a opressão provinha de meus próprios sistemas de crenças derrotistas. Estudei para advogada e aprendi a ser decidida; porém, não importa o que conseguisse, eu ainda estava destinada a fracassar. Sempre era uma mulher tentando vencer num mundo dos homens.

Tudo isso mudou quando comecei a ler os livros de Louise Hay – aprendi a me amar e a usar afirmações positivas, e cada dia se transformou num milagre. Agora estou criando minha filha num mundo de abundância, em que cada um de nós tem todo o necessário, e o bastante para dividir com outros. Em nosso mundo, *masculino* e *feminino* são igualmente valorizados e totalmente acolhidos como partes complementares da humanidade. As crianças são reconhecidas, protegidas e incentivadas a pensar por conta própria. O amor e a gentileza substituíram o medo e a manipulação. A cooperação substituiu a competição. A vida é boa; *tudo* é bom.

Portanto, quero só agradecer à Louise. Toda mulher merece que escrevam um soneto em sua homenagem, e este eu escrevi para Louise, com gratidão e apreciação que superam o que as palavras conseguem expressar:

Pensar que eu posso aprender a me amar,
Saber que o saber socorre a quem espera,
Cuidar de corpo, mente e alma até saná-los,
E me dizer sem cessar: "Eu estou bem!"

Na vida mostro o que crê meu coração.
Quando eu mudo meu pensar, meu mundo muda.
A aceitação é o ponto de partida,
E com gentileza o sucesso eu alcanço.

Pela manhã, desperto e faço a afirmação:
"Tudo de que necessito hoje é meu."
A prosperidade aguarda em cada esquina.
A hora certa do Universo é Divina.

À Louise Hay, gratidão eterna,
Por me mostrar esse jeito mais gentil e terno.

Como fazer o trabalho com Louise

O que você deseja mudar em sua própria vida? Você sabe quais de seus padrões mentais estão contribuindo para a situação indesejada? Não importa há quanto tempo você tem essas crenças – entenda que elas já não lhe dão sustentação e que pode se livrar delas. Você pode manifestar um novo futuro para si, repleto de alegria e amor.

Quando sentir que está pronto para começar o trabalho mental, os exercícios a seguir irão ajudá-lo a examinar minuciosamente suas crenças. Afinal de contas, você não pode começar a transformação das velhas crenças se nem mesmo souber quais são elas! (Não se esqueça de escrever suas respostas numa folha de papel ou em seu diário.)

Para descobrir suas crenças

Pense em todas as crenças que as palavras da lista a seguir lhe trazem à mente. Fique à vontade para acrescentar mais categorias em outras áreas de sua vida que não estão dando certo. Faça uma lista tão longa quanto queira. Escreva tudo – tanto as crenças positivas quantas as negativas –, para poder ver com clareza seus pensamentos. Essas são as regras internas e subconscientes pelas quais você vive. Lembre-se de que só poderá fazer mudanças positivas em sua vida se puder reconhecer as crenças que adota neste momento.

- Homens
- Mulheres
- Amor
- Sexo
- Trabalho

- Dinheiro
- Sucesso
- Fracasso
- Deus

Quando a lista estiver mais ou menos completa, leia-a em voz alta. Coloque um asterisco (*) ao lado de cada crença que lhe dá força e sustentação. Vá marcando cada crença que for negativa e prejudicial aos seus objetivos. São elas que o estão impedindo de ser tudo o que você poderia ser. São as crenças que você deveria apagar, abandonar ou reprogramar.

Mensagens negativas

Em seguida, faça uma lista das coisas que segundo seus pais estavam "erradas" com você. Quais foram as mensagens negativas que ouviu? Dê a si mesmo o tempo necessário para lembrar todas de que for capaz. Em geral, basta meia hora.

O que eles diziam sobre dinheiro? O que diziam sobre seu corpo? O que diziam sobre o amor e os relacionamentos? O que diziam sobre seus talentos criativos? Quais foram as coisas limitadoras ou negativas que eles lhe disseram?

Se puder, examine objetivamente sua lista e diga a si mesmo: "Então foi daí que saiu aquela crença."

Agora vamos mergulhar mais fundo. Que outras mensagens negativas você ouviu na infância? O que disseram os parentes, os professores, os amigos, as figuras de autoridade ou os membros do clero? Escreva tudo; não tenha pressa. Tenha consciência dos sentimentos que passam por seu corpo enquanto faz isso.

Agora o que você tem em mãos é mais uma lista de pensamentos que precisam ser removidos de sua consciência. Essas são outras das crenças que estão lhe dando a sensação de "não estar à altura".

Sua história

Escreva uma breve história da sua vida, começando pela infância. Tenha o cuidado de mencionar todas as mudanças em suas emoções ou em seu comportamento. Que crenças negativas você poderia ter na mente subconsciente? Permita que elas aflorem. Você talvez se surpreenda diante do que vai encontrar.

Que outras mensagens negativas você observou quando escreveu sua história? Trate como um tesouro cada uma que vier à tona: "Arrá! Encontrei você, a mensagem que vem me dando tanto transtorno. Agora posso eliminá-la e me libertar."

Pode ser uma boa ocasião para ir ao espelho, olhar-se nos olhos e afirmar sua disposição de largar todas essas mensagens e crenças velhas e negativas. Enquanto o faz, respire fundo e diga: "Estou disposto a largar esses conceitos e crenças negativas que já não me sustentam." Repita isso várias vezes.

Para substituir seus "Eu deveria..."

Como eu já disse muitas vezes, acredito que a palavra *deveria* é uma das mais prejudiciais de nossa língua. Cada vez que a usamos, o que dizemos de fato é que estamos errados, ou que estivemos errados, ou que estaremos errados. Gostaria de removê-la para sempre do nosso vocabulário e substituí-la por *poderia*, palavra que nos dá escolha, e, então, nunca estamos errados.

Pense em cinco coisas que você "deveria" fazer e escreva-as. Depois reescreva essas afirmativas substituindo *deveria* por *poderia*.

Agora, pergunte a si mesmo: "Por que eu não fiz isso?" Talvez você descubra que há anos vem se menosprezando por algo que, para começar, nunca desejou fazer, ou por coisas que nunca foram ideias suas.

Quantas vezes você consegue cortar da lista o "deveria"?
Escreva a sensação que isso lhe traz.

Medos e afirmações

Para cada categoria listada a seguir escreva seu maior medo.
Depois coloque ao lado uma afirmação positiva para neutra-
lizá-lo. Crie sua própria afirmação ou use uma das fornecidas
a seguir.

- Vida profissional
- Situação de moradia
- Relações familiares
- Dinheiro
- Aspecto físico
- Sexo
- Saúde
- Relacionamentos
- Velhice
- Morte e o ato de morrer

Afirmações

Eu acredito em meu próprio poder de mudar.
Estou em paz com toda forma de vida.
Este é um momento novo. Estou livre para largar o passado.
Estou disposto a perdoar todos os que me prejudicaram.
Assumo responsabilidade por minha própria vida.
*Estou disposto a criar novos pensamentos para mim e para
a minha vida.*
*Sou único com o Poder que me criou. Tudo está bem em
meu mundo.*

Vejo a mim mesmo sob uma nova luz. Eu me amo.

Sigo adiante, livre do passado. Estou em segurança.

É seguro eu ultrapassar as limitações dos outros.

Eu confio no processo da vida.

Estou aberto e disposto a mudar.

Reconheço que sou a fonte de minha felicidade.

Eu liberto aquilo que já não me serve.

Estou aberto e receptivo às experiências boas e maravilhosas que estão chegando à minha vida.

Supero as crenças limitadoras, e me aceito totalmente.

Exijo meu próprio poder e amorosamente crio minha própria realidade.

Estou disposto a libertar todos os conceitos e crenças velhas e negativas que já não me amparam.

Estou em paz comigo mesmo e com minha vida.

Eu perdoo e liberto o passado. Eu mergulho na alegria.

Tratamento para transformar velhas crenças

Minha vida é sempre nova. Cada momento de minha vida é novo e vital. Uso meu pensamento afirmativo para criar exatamente o que desejo.

Este é um novo dia. Sou um novo eu. Penso diferente. Falo diferente. Ajo diferente. Os outros me tratam diferente. Meu novo mundo é um reflexo do meu novo pensamento. É uma alegria e um prazer plantar novas sementes, pois sei que essas sementes se tornarão minhas novas experiências. Tudo está bem em meu mundo.

Capítulo dez

Como encontrar
um objetivo

Todos nós atravessamos períodos em que nos perguntamos de que jeito alcançaremos o objetivo de nossas vidas, ou até se temos algum objetivo. A sensação pode ser a da falta de alguma coisa, e nós não sabermos como preencher esse vazio. Na tentativa de dar sentido a nossas vidas, podemos nos voltar para as drogas, os relacionamentos doentios e outros comportamentos autodestrutivos. Talvez acreditemos não ter direito a pedir mais, ou achemos que só existe o que vemos à nossa frente. Mas cada um de nós merece mesmo o melhor que a vida tem a oferecer.

A mudança da atitude mental é o primeiro passo para manifestar sua melhor vida. Lembre-se de que a felicidade não é algo que se possa encontrar "no mundo que nos rodeia". Ela só pode vir de dentro, por intermédio da autoestima e da aceitação. Aprenda a se amar e a confiar na inteligência Divina que há dentro de você. O Universo lhe trará o que você necessita, desde que você o permita.

Espero que as histórias narradas a seguir, de pessoas que encontraram sentido para suas vidas, inspirem você a ver o objetivo maior que existe em sua própria vida, motivando-o a realizar seu pleno potencial.

Uma vida apaixonada e repleta de sentido
Sharon, escritora, conferencista
internacional e produtora, Califórnia

Passei minha existência dançando com a vida e a morte. Na infância superei nove anos de abuso sexual; e como adulta sobrevivi a surtos de anorexia, a diversas relações destrutivas e a duas tentativas de suicídio.

Até 1985 eu me considerava uma vítima. Foi então que conheci minha mentora, Linda, que trabalhou comigo em meus sentimentos de autodepreciação, raiva, medo e ressentimento. Linda me deu um exemplar do livro de Louise Hay, *Você pode curar sua vida,* e eu pus em prática todos os exercícios nele contidos: comecei usando afirmações, que encontraram ressonância em mim; fiz visualizações e dei início ao trabalho diante do espelho, dizendo a mim mesma: "Eu te amo, Sharon. Eu te amo de verdade." O livro de Louise também me ajudou a trabalhar meus problemas principais, como o perdão, a gratidão, os relacionamentos e a saúde.

Rapidamente entendi o quanto meus pensamentos e palavras eram poderosos em associação a minha saúde e bem-estar. Aprendi tudo o que pude sobre a conexão mente-corpo-espírito e passei a sentir e a vivenciar a paz interior, a conquista de poder e o perdão a mim mesma e aos outros. Também aprendi a adotar uma atitude positiva, independente das circunstâncias em que me encontrasse.

Em 1976, comecei a trabalhar como voluntária nas comunidades de aidéticos e cancerosos, ensinando as técnicas de mente-corpo-espírito que tinha aprendido. Também dava aulas em reformatórios de delinquência juvenil e numa instituição correcional para meninas adolescentes. Mais tarde, no mesmo ano, enfrentei outro desafio quando vi meu ex-marido num especial de televisão de Dan Rather: "A Aids chega aos lares", no qual ele anunciava que estava infectado com o vírus da Aids. Fiz o teste e o resultado deu HIV positivo. Entretanto, em vez de me identificar como vítima indefesa, permiti que o vírus me fortalecesse – no sul da Califórnia eu me tornei uma das primeiras mulheres infectadas a revelar publicamente sua situação.

Comecei a frequentar o grupo de apoio de Louise, o Hayride, para homossexuais masculinos infectados com o HIV e a Aids (creio que fui a primeira mulher heterossexual contaminada a comparecer). Louise e os homens estavam cheios de compaixão, amor, gratidão e entusiasmo pela vida; e eu me senti parte daquela imensa família. Aprendi muito com Louise, e a considerava minha outra mentora.

Em 1997, devido a complicações da Aids, passei por uma experiência de quase morte. Disseram-me que ainda não chegara meu momento de morrer, e recebi meu objetivo de vida. Entendi que cada desafio que enfrentava semeava as dádivas e a sabedoria que eu podia partilhar com outras pessoas.

Todos os meus desafios se tornaram sagrados por eu aceitá-los e libertá-los – pois eles me curaram, me conduziram à autodescoberta, me devolveram à salubridade e me permitiram viver com paixão o objetivo de minha vida. Agora estou partilhando, em meus livros e com minhas plateias nos Estados Unidos, no Canadá, na Europa, no Japão e na Rússia, o conhecimento e a sabedoria que acumulei na leitura de Louise. Ela é uma dádiva para a humanidade e uma bênção em minha vida! É uma pioneira e uma lenda. Seu legado irá viver para sempre!

Louise, do fundo do coração, eu a reverencio. Você é profundamente amada!

De repente, meu caminho clareou
Antoinette, psicoterapeuta, professora de ioga e meditação e escritora, Canadá

Atravessei uma guerra civil no Líbano. Aos 13 anos fui treinada por uma das facções de milicianos e me tornei combatente civil. Horrorizada, fui testemunha do que os seres humanos são capazes de fazer. Isso não estava acontecendo no cinema – era a realidade. Meu irmão levou um tiro e foi ferido diante de meus olhos. Eu queria ficar para lutar, mas minha família resolveu se mudar do Líbano para o Canadá para ajudar meu irmão.

Quando eu estava na faculdade, comecei a sentir a necessidade de fazer uma mudança no mundo. Porque meus antecedentes eram a experiência de guerra, eu não sabia participar da política dos tempos de paz. Então, uma pessoa muito querida morreu afogada – meu mundo inteiro desabou e minhas bases ruíram. Terminei meus estudos em psicologia buscando uma luz. Depois de tudo que eu havia passado, não conseguia entender como os seres humanos podiam ser tão amorosos e também tão destrutivos.

Tempos depois descobri os livros de Louise Hay em francês. Que presente! À medida que ia lendo, esses livros me fizeram entender que, independentemente de nosso modo de viver – quaisquer que sejam nossos antecedentes ou até o estado fisiológico –, nós podemos transformar a situação. Subitamente, meu caminho clareou com a nova luz que recebi.

Agora sou terapeuta, professora de ioga e meditação e coordenadora de congressos e workshops. Também escrevi recentemente um livro que foi publicado em francês, e espero que ele saia em inglês para poder oferecê-lo à Louise! Ela guia as pessoas para se libertarem de suas guerras internas e depois criarem um mundo de amor para si mesmas e para os indivíduos ao seu redor. Espero um dia ver o mundo em paz, e sei que esse caminho passa pelo amor!

Meu trabalho todo hoje em dia está voltado para transformar o mundo num lugar melhor. Eu até criei duas peças que retratam o potencial do ser humano. Sou muito abençoada por estar onde estou e por fazer as coisas de que sou capaz. Acho que se todos trabalharmos para operar em nós mesmos mudanças positivas, seria um jeito de mudar o mundo.

Louise, você é uma inspiração e uma luz para o planeta inteiro. Muito obrigada por ser quem você é e partilhar sua sabedoria com todos nós. Espero sinceramente que a vida derrame sobre você todas as dádivas mais preciosas que tem a oferecer. Seus livros me fizeram acreditar no milagre do amor!

Degraus para uma vida fascinante
Gina, massoterapeuta, Massachusetts

Em 1999, na primeira vez em que li o livro de Louise Hay, *Você pode curar sua vida,* eu estava presa num turbilhão de ansiedade e medo. Minhas emoções negativas estavam fazendo de mim uma mãe zangada e impaciente, de dois filhos pequenos, e uma mulher crítica de um marido maravilhoso e terno. Eu sabia que estava numa espiral cujo controle me escapava, mas sentia que não podia contar a ninguém, pois aquilo me envergonhava.

Quando comecei a ler o livro de Louise, entendi que era capaz de respirar – *respirar* de verdade, em vez de ficar prendendo a respiração ou respirando de leve o tempo todo. Agarrei-me de unhas e dentes ao livro dela, pois ele estava salvando minha vida. Imediatamente, minhas crises de ansiedade começaram a diminuir e surgiram novos padrões de pensamento. Agora eu já não estava tentando só viver mais um dia... estava começando a procurar saber quem eu realmente era.

Enquanto ganhava controle de meus pensamentos, fui deixando de lado a necessidade de sentir medo e ansiedade, e atraindo todo o apoio e a orientação de que precisava para aprender sobre quem eu era e em quem eu queria me transformar. Sabia que estava neste mundo para ajudar as pessoas – coisa que soubera desde muito pequena. Agora estava pronta para descobrir de que jeito eu deveria ajudá-las.

Recordo que me senti frustrada porque as coisas não estavam acontecendo com a desejada rapidez. Eu queria tudo agora! Mas quando olho para trás, consigo ver nitidamente todos os degraus, cada um deles colocado depois do outro em meu caminho. Por exemplo, larguei o emprego e entrei para a escola de massoterapia. Esse era um programa intensivo de três meses e eu só voltava para casa algumas noites por semana; no entanto, meu marido e meus filhos me deram total apoio.

Depois de me graduar, levei algum tempo até conseguir um emprego de massoterapeuta, pois tive a segurança de ser seletiva, além da sabedoria de não me contentar com nada menos do que o visualizado. Durante um ano pratiquei sob a supervisão de um massoterapeuta muito talentoso e tive clareza daquilo que eu queria. Então, em 2007, eu estava pronta para deixar o ninho e abrir meu próprio consultório. Hoje, estou ajudando muitos a encontrar alívio do desconforto físico que sentem – também sou capaz de ajudá-los a entender que seus corpos podem se curar, e que eles podem curar suas vidas...

O melhor dessa experiência é que meus filhos testemunharam tudo isso. Eles me viram crescer e abandonar minhas zonas de conforto, e dar gigantescos saltos de fé. De tudo o que eu poderia ter dado a meus filhos nesta vida, agradeço por ter sido isso o que receberam. (Agora, ao colocar em palavras minha experiência, entendi que ser eu mesma é muito mais fácil do que foi fugir e me esconder de quem eu sou, ou ser aquilo que a meu ver todos os outros talvez tivessem querido que eu fosse.)

Louise, eu devo ter lido centenas de vezes *Você pode curar sua vida*, e comprei muitos livros de sua autoria para presentear amigos e parentes. Muito obrigada por tudo.

Celebrando minha felicidade
Bianca Maria, treinadora de motivação e desenvolvimento pessoal e artista plástica, Irlanda

Minha história começou há 26 anos, na Alemanha. Atormentada por uma educação violenta e abusiva, eu quase não vivenciei o amor. Filha de pai e mãe alcoólatras que abandonaram os filhos quando eu era muito pequena, passei a infância lutando contra muito sofrimento.

Por causa da autoestima destruída e da falta de energia positiva, ao crescer me tornei uma pessoa extremamente ciumenta, e em minha vida nada funcionava. Entretanto, desde muito pequena sempre tive forte conexão com meu eu superior e com a natureza, o que trouxe alívio à minha alma e me ajudou a sobreviver.

Saí de casa aos 16 anos e comecei a trabalhar num hotel. Era muito difícil porque eu não sabia absolutamente nada sobre boas maneiras – ou, aliás, sobre a vida. Minha viagem de cura começou quando me mudei para a Irlanda. Tentando elaborar os tremendos medos e limitações que sentia, fui a uma reunião da Al-Anon, na qual amigos, parentes e filhos ou cônjuges de alcoólatras podiam encontrar muito apoio.

Em uma das reuniões encontrei uma mulher que me apresentou Louise Hay. Depois de ler o maravilhoso livro de Louise, *Você pode curar sua vida,* senti que tinha força para olhar dentro de mim e mudar minha vida. Comecei o processo escrevendo no mínimo três páginas de afirmações por dia! Eu achava que se as afirmações realmente funcionassem, essas páginas estariam criando um futuro maravilhoso para mim... e foi exatamente o que elas fizeram.

Em três meses consegui controlar meu ciúme patológico, e descobri em minha cidade um grupo de pessoas da mesma tendência espiritual. Depois de uns seis meses aconteceram diversos pequenos milagres! Atraí um relacionamento maravilhoso, alguns amigos novos e adoráveis, e muito mais dinheiro. Também perdi quase 14 quilos de peso e comecei a meditar todo dia.

Agora, dois anos depois de ter começado a praticar o trabalho de Louise, minha vida ainda está se desdobrando da forma mais perfeita! Comecei na sala de visitas de minha casa uma reunião "Você pode curar sua vida", na qual os participantes se ajudam. A criação de meu próprio website, juntamente com um grupo na internet para dar apoio a mulheres no mundo todo, me deu o oportunidade de espalhar ainda mais a mensagem de Louise. Com orgulho posso dizer, agora, que sei que sou uma professora nata, escolhida para ajudar outras pessoas a curar e a criar a vida que realmente merecem. Sinto que encontrei o objetivo de minha vida!

Hoje em dia estou grata por minha infância, pois ela me tornou a pessoa bonita que sou. A vida para mim também se tornou estimulante, especial e amorosa – e prossigo em meu caminho examinando diferentes abordagens e mestres, aprendendo as lições que vim aqui aprender. Isso é felicidade, e eu a celebro!

Louise, você é um anjo para mim, e tenho muito apreço por tudo o que tem feito. Você mudou o mundo para melhor – deu muito amor às pessoas que se sentiam perdidas ou inadequadas, e que estavam em intenso sofrimento e medo. Muitíssimo obrigada!

Eu posso voar
Gail, cantora, conferencista, escritora e professora, Colorado

Em 1987, mandei verter para o braille o livro de Louise Hay, *Você pode curar sua vida*, e por vezes incontáveis meus dedos deslizaram sobre suas páginas. Ela não me curou do câncer nem de qualquer outra doença física, mas curou a doença que estava em minha mente.

Antes de ler o livro de Louise, eu era uma vítima. Nasci de parto prematuro e acreditava que minhas limitações eram culpa dos médicos, e que também se deviam aos hábitos de beber e fumar de minha mãe. Cresci retraída, zangada, amedrontada e desconectada. Depois de submetida a duas operações no nariz, lembro de ter me olhado no espelho e pensado: *Você é feia. Eu te odeio.* Sofri abuso cometido por meu pai e fiquei totalmente cega aos 11 anos, em razão de cataratas. Sem ter nada por que esperar, fechei os olhos ao mundo, sem querer fazer parte dele.

Minhas graças salvadoras foram minha avó e minha música. Vovó me dava amor e esperança, ao passo que minha música me ancorava no presente e me permitia autoexpressão. Deixando a casa de meus pais, dediquei-me a uma carreira de cantora lírica. Após dezenas de apresentações bem-sucedidas, entrei num programa de doutorado vocal. Eu queria cantar e fazer linda música, mas o corpo docente da escola "cortou minhas asas". Com minha criatividade sufocada, tive um cisto no ovário, que precisou ser removido cirurgicamente. Minha vida chegou ao fundo do poço quando meu relacionamento romântico desmoronou. Na esperança de ser amada, eu havia abandonado minha música, meus sonhos e minha autonomia. Agora estava incapaz de tomar decisões, afirmar minhas necessidades, dizer não, ou declarar minha verdade. Tendo me doado de corpo, de mente, de espírito e de emoções, fiquei arrasada quando o parceiro de minha vida anunciou uma "separação". Sem perspectiva de reconciliação, acabei deprimida e com tendência suicida.

Por meio de psicoterapia comecei a me curar e a me amar, e descobri que eu tinha uma razão de ser. Eu queria contar minha história e dizer minha verdade. Foi assim que relatei como, no intervalo de três meses, minha mãe morreu subitamente, fui submetida a uma esterectomia, à remoção cirúrgica dos olhos e me vi obrigada a vender minha casa. Por ter abandonado as velhas crenças, visões e conexões, fui forçada a assumir o novo.

Graças à viagem de minha vida – e à leitura de *Você pode curar sua vida* –, aprendi a declarar minha verdade, enfrentar meus medos e sentir meus sentimentos. Agora, meu desejo de voar é maior que o medo de cair. Posso escolher o modo de encarar a vida: posso ficar paralisada e vitimizada por minhas circunstâncias, ou posso deixar que elas me fortaleçam. Escolhi essa última possibilidade. A visão é interna, não externa; guiada pelo coração, não pelos olhos. Para voar eu tenho que "viver meus sonhos e voar com minhas asas".

Louise, seu livro é o único que eu possuo em braille, e aquele no qual sempre busco orientação. Muito obrigada por ter transformado minha alma e meu coração.

A revelação
Najmunesa, orientadora de puericultura, treinadora/facilitadora e conselheira espiritual, África do Sul

A primeira vez que vi o livro *Você pode curar sua vida* eu estava num ponto muito baixo de minha vida. Caçula de uma família de 16 filhos, sempre me senti a ovelha negra da família. Fui criada nos dias sombrios do apartheid e não tinha a pele tão clara quanto a dos meus outros irmãos. Sentindo que minha mãe me odiava, eu sempre me portava mal, para ser notada e ter a sensação de pertencimento.

Quando meu primeiro filho nasceu, rompi uma artéria no lado direito do cérebro, mas isso só foi diagnosticado anos mais tarde. Sofri ataques epiléticos e depressão pós-parto, além de hiperatividade da tireoide. Depois do meu segundo filho, sofri um colapso nervoso, fato que em anos posteriores considerei um avanço, em vez de um defeito.

Encontrei um exemplar do livro de Louise na biblioteca, mas levei muitos anos para lê-lo. Fiquei sabendo que seus workshops "Cure Sua Vida" só eram oferecidos aos brancos. Minha chefe da ocasião sentiu que eu era "bastante branca" e me levou com ela para um deles. Ao longo dos anos participei de cada uma dessas oficinas, e foi assim que minha vida mudou. Ao mesmo tempo, inscrevi-me num curso sobre espiritualidade e fiquei maravilhada pela correlação entre minha fé e as premissas de Louise. A experiência foi uma verdadeira revelação – aprendi que podia reter meus valores, ao mesmo tempo em que trabalhava na mudança de minhas crenças.

Hoje eu trabalho em comunidades de base, promovendo oficinas de criação de filhos e autoconscientização. Sou coordenadora de um grupo de ajuda a pessoas com depressão e ansiedade, do qual eu costumava ser também a orientadora emergencial. A obra de Louise mudou minha vida e me ajudou a encontrar meu caminho, e agora tento fazer o mesmo por outras pessoas. Agradeço por você me dar a oportunidade de contar minha história.

Minha motivação e inspiração
Lourdes, gerente bilíngue, Arizona

Em 1990, saí de Sonora, no México, e vim para os Estados Unidos. Não falava nada de inglês e tinha deixado para trás os tesouros mais preciosos de minha vida: minhas duas filhas, na época com 8 anos e 3 anos. Três meses depois minhas filhas e eu nos reencontramos e começamos a nos ajustar ao nosso novo mundo.

Um ano depois, eu já havia conhecido um maravilhoso americano que nos envolveu em amor, carinho e aceitação, a mim e a minhas filhas. Apesar da barreira linguística, criamos um relacionamento íntimo. Quando não nos entendíamos, usávamos um dicionário espanhol-inglês. Nós nos casamos e nos últimos 14 anos temos sido uma família.

Passei muitos anos fazendo faxina em casas, ganhando a vida decentemente nesse ofício. Depois de algum tempo, me matriculei na faculdade; embora não tenha terminado a graduação, aprendi inglês e me especializei em serviço social. Depois fui trabalhar num hospital como intérprete médica certificada. No entanto, eu sofria crises de ansiedade e tinha a sensação de ter perdido o rumo.

Eu praticava ioga, corrida, tai chi e fazia caminhadas. Assisti a diversos seminários de autoajuda, aprendi sobre meditação e muito mais. Graças a todas essas novas experiências, muitas questões inéditas começaram a se revelar. Percebi que havia coisas em mim que não me agradavam e que eu desejava mudar. Comecei a trabalhar no quebra-cabeça de minha vida: o lugar de onde viera; o ambiente em que me criara; minhas crenças, hábitos, comportamentos e sentimentos e assim por diante.

Em um dos seminários a que compareci, ouvi falar do livro de Susan Jeffers, *Feel the Fear... and Do It Anyway*. Esse livro foi a chave que deu partida no motor em meu ser. Nele descobri sobre Louise Hay e *Você pode curar sua vida,* juntamente com os títulos de muitos outros livros e autores maravilhosos. Entretanto, foi a obra de Louise que me trouxe motivação todos esses anos. Eu adoro a história dela, seus conselhos, sua coragem... e eu poderia prosseguir indefinidamente essa lista. Seu programa em áudio *Stress-Free* me permitiu administrar minhas angústias e meus medos. O fundo musical do programa me ajudou a viajar para um lugar espiritual seguro e pacífico.

Por causa de Louise fui inspirada a escrever e publicar minha autobiografia em espanhol. Essa obra tem sido utilizada para incentivar e fortalecer, na comunidade, as mulheres latinas que estão envolvidas em violência doméstica ou têm problemas de autoestima, dúvidas e medo. No período em que fiz trabalho voluntário como conferencista motivacional, essas mulheres se identificaram com minha história, exatamente como eu me identifiquei com a história de Louise.

Tenho agora 41 anos de idade e minhas filhas de 24 e 18 anos estão muito bem. Nós três somos cidadãs americanas e é com orgulho que damos nossa contribuição a este país. Sinto que somos mulheres saudáveis, em termos físicos, mentais e emocionais. Meu casamento continua a prosperar com paz e amor. Minha criança interior floresceu e atingiu o auge de seu potencial, cantando e escrevendo como fazia outrora na infância.

Muito obrigada, Louise!

A sabedoria de Louise
Pamina, orientadora de desenvolvimento pessoal
e consultora de gestão de estresse, Zimbábue

Há 13 anos, numa época em que minha vida não parecia nada promissora, recebi o livro *Você pode curar sua vida*, de Louise Hay, enviado por um amigo australiano. Nesse período a.L. (antes de Louise), eu era sobrecarregada pelo tipo de bagagem emocional que mataria um elefante; usava como um valioso acessório da moda minhas cicatrizes históricas e rótulos limitadores, e tinha uma imagem de mim mesma que teria feito uma minhoca anoréxica parecer impressionante. O livro de Louise virou pelo avesso o mundo que eu conhecia. Quer dizer que eu desempenhava um papel em tudo isso? Eu criava minha realidade? Quer dizer que tenho o poder de reescrever o roteiro dessa vida deprimente? Eu poderia ser poderosa a esse ponto? Caramba! Que momento de revelação!

Na fase d.L. (depois de Louise), a sabedoria dela era minha companhia constante. Até hoje tenho meu exemplar original de *Você pode curar sua vida*, todo amassado e remendado; seu efeito de onda se espalhou para todos os lados. Aprendi a viver sozinha, e adoro isso. Parei de me deixar escravizar por minha história e me definir por meus fracassos. Parei de lutar contra fantasmas. A complexidade de meus problemas já não tem para mim o menor encanto. Fui me tornando mais destemida a cada dia. Parei de encontrar satisfação em orgias de revirar lixo e cutucar mágoas, e em purgas de autocomiseração que tinham se convertido em grande parte de minha vida. Minha atração pelas farras de culpa e maratonas de autotortura diminuiu. Ou seja, superei a obsessão comigo mesma e comecei a me tornar emocionalmente madura. Abri mão de minhas posses materiais conquistadas com esforço e me transformei em nômade, buscando ambientes favoráveis à minha peregrinação de autodescoberta.

A sabedoria e a força de Louise estavam presentes quando enterrei minha filha de 16 anos. Dando um doloroso passo de cada vez, consegui sair daquele poço fundo e escuro em que eu jazia com a sensação de que me haviam arrancado as entranhas. E também consegui ajudar meu filho adolescente a sobreviver à sua batalha contra o luto, a culpa e a frustração.

Eu sempre viajo com pouca bagagem, mas você pode ter certeza de que o "livro de sabedoria" de Louise estará metido em minha mala. A essência de sua orientação estava ao meu lado quando me qualifiquei com sucesso como consultora de gestão de estresse para empresas e indivíduos, num país tão estrangeiro para mim quanto Marte. Posteriormente, eu me tornei orientadora de desenvolvimento pessoal e hipnoterapeuta, e voltei a meu conturbado país, Zimbábue, para praticar nas linhas de frente.

Os princípios de Louise são, agora, quase instintivos para mim, tão naturais quanto respirar. Como Louise, tenho a paixão de ajudar as pessoas a transcenderem seu ambiente, a se fortalecerem e a se tornarem o melhor que esteja a seu alcance. Foi o exemplo dela que me incentivou a escrever meu próprio livro, mantendo meu espírito animado o bastante para enfrentar as inevitáveis ondas de rejeição que fazem parte do território editorial.

Louise, seu espírito e sua sabedoria me capacitaram a reescrever minha vida de formas miraculosas. Muito obrigada!

Vivendo a vida que sonhei
Kit, professora, animadora de riso e mentora de criação de saúde, Reino Unido

Até encontrar Louise Hay em seu livro *Você pode curar sua vida,* eu não tinha consciência do poder que temos para criar nossas próprias vidas.

Em janeiro de 1998, minha vida era uma catástrofe. Meu casamento, superficialmente perfeito, parecia um horrendo campo de batalha; meu filho enfrentava uma crise e eu mesma não estava muito bem.

Meu médico me alertou: "Puxa vida, o câncer voltou. Ainda é a mesma fera agressiva que estivemos combatendo, e agora só há duas medicações de quimioterapia cujo limite você ainda não atingiu. Se elas funcionarem, é só questão de prolongar sua vida. Mas se não funcionarem, Kit, eu prometo não deixar você sofrer."

Naquela altura finalmente parei de ser a paciente-modelo. "Não vou me conformar com isso", repliquei. "Eu quero um milagre."

Dizem que quando alguém está pronto, o mestre aparece. Nem imagino por que motivo eu estava na livraria naquele dia, mas me lembro do grande coração colorido e das palavras *Você pode curar sua vida* que me atraíram como um ímã. Comprei o livro, que li e reli. Ele se tornou parte da minha vida.

Por três anos o livro de Louise esteve comigo o tempo todo. Eu mantinha um exemplar em minha escrivaninha e outro ao lado da cama, para ler pelo menos um capítulo por dia. Eu também repetia afirmações em voz alta sempre que precisava de conforto ou inspiração. (Até hoje eu consigo lidar com qualquer coisa se repetir a afirmação: *Na infinidade da vida onde estou, tudo é perfeito, pleno e completo.*) Aos poucos comecei a mudar meus pensamentos e, consequentemente, minha vida mudou.

Em março de 1998, estabeleci três objetivos aparentemente impossíveis de alcançar:

1. Fazer um milagre
2. Dar um jeito em meu casamento
3. Parar de fumar

Quando o mês de agosto chegou, eu tinha me livrado do câncer, do casamento e do tabagismo! Acreditem ou não, o hábito de fumar foi o último a ser deixado – eu continuava a fumar mesmo durante os tratamentos com quimioterapia, para desespero dos meus médicos. Acabei abandonando o cigarro. A fase do divórcio seria, provavelmente, uma ocasião inadequada para tentar parar de fumar, mas para mim funcionou.

Para espanto dos meus médicos, estou viva e vivendo como sonhei. Agora estou casada com o amor original de minha vida, e feliz; e meu querido filho se transformou num homem que eu respeito e está prosperando no caminho que escolheu. Sou professora do curso de Louise Hay "Love Yourself, Heal Your Life", além de ser animadora de riso e mentora de criação de saúde. Alegremente, ensino outros a criarem a vida de seus sonhos. Em 2007 foi publicado meu primeiro livro e estou trabalhando no segundo. É maravilhoso estar viva, contribuindo para a cura do planeta!

Por que não eu?
Janet, coordenadora de programação de um centro de tratamento de jovens, Canadá

Sou uma indígena canadense que passou por uma longa série de experiências dolorosas, tais como relações abusivas e codependentes, dependência de drogas e álcool e tendências suicidas. Muitas vezes eu me sentia uma vítima e me perguntava: *Por que eu?*

Quando estava num ponto particularmente baixo de minha vida, encontrei um folheto informativo sobre um workshop de dois dias chamado "Love Yourself, Heal Your Life". Imediatamente, tive a certeza de que era exatamente o que eu vinha procurando, e me inscrevi para participar.

Foi um workshop sensacional e aprendi muito sobre mim – inclusive o quanto eu me desaprovava. Finalmente, cheguei à conclusão de que podia me amar e me aceitar do jeito que sou! Depois que isso aconteceu, todo o resto de minha vida começou a entrar nos eixos.

Dei aqueles primeiros passos para descobrir quem eu era e por que era assim. Alegra-me informar que graças à prática dos conceitos de Louise Hay e o uso de afirmações positivas, eu me amo e me aceito exatamente como sou. Alcancei uma compreensão maior de mim mesma, em vez de ficar perguntando *Por que eu?* Comecei a perguntar *Por que não eu?*

Em 2002, eu soube de um programa de treinamento na Flórida – estava resolvida a participar, mas por uma série de razões não consegui fazê-lo na época. Entretanto, eu continuava afirmando: *Sou uma líder certificada do programa "Heal Your Life".* Em abril de 2008, tive a oportunidade de fazer o treinamento na Flórida, e voltei ao Canadá como líder certificada do workshop "Heal Your Life, Achieve Your Dreams".

Para mim foi um sonho que se realizou, porque meu objetivo é ajudar os outros por intermédio de treinamento motivacional, seminários, oficinas e apresentações. Desde que recebi meu certificado, comecei a cumprir tal objetivo ao coordenar a primeira oficina em minha comunidade. Compareceram sete participantes de três distintas comunidades indígenas, e foi um enorme sucesso. Achei interessante saber que, de milhares de pessoas que foram treinadas no mundo todo, eu sou realmente a única indígena do Canadá a ter feito o treinamento e recebido o certificado. Estou confiante de que por meio de minhas oficinas poderei capacitar outros a superar a mentalidade negativa que vem limitando o sucesso deles.

Com que meta posso sonhar depois disso? Conhecer pessoalmente Louise Hay, Wayne Dyer ou Oprah? Hmm...

Brilhar com luz própria
Eileen, praticante de artes curativas, Carolina do Norte

Gostaria de contar minha história para poder inspirar outras pessoas a superarem as dificuldades de suas vidas, como eu superei as da minha. Por mais de sete anos eu sofri de fibromialgia, até chegar ao ponto em que a dor constante não me deixava mais levantar da cama. Só depois de encontrar a espiritualidade interior e os livros de Louise Hay entendi verdadeiramente o que é preciso para curar o conjunto mente-corpo-espírito.

Usando um programa intensivo de afirmações, visualização, depuração nutricional e psicoterapia, eu consegui me despojar das "camadas" que me dominavam. Passei da condição em que a fibromialgia controlava minha vida à de retomar o controle e assumir minha verdadeira essência. Com a mudança de percurso, fiquei totalmente curada do problema e me libertei para encontrar meu espírito interior.

Esse encontro me permitiu adquirir poder pessoal e trabalhar na cura de todos os aspectos de minha alma. A saúde melhorou, em termos mentais e físicos, e agora meu espírito evoluído não conhece limites. Minha vida mudou para melhor, e aprendi a ver o mundo de forma muito distinta – um mundo que traz iluminação e realização.

A mensagem de cura de Louise foi um sopro de ar puro e, para mim, uma oportunidade de entender que também tenho uma luz para brilhar. Já que Louise tornou minha vida melhor, senti-me responsável pela continuação dessa tendência, tratando de melhorar a vida de alguém. Meu objetivo, agora, é partilhar meu próprio acervo de conhecimentos e sabedoria com aqueles que desejam dar sentido à aventura de suas próprias vidas. Hoje meu espírito se eleva com esperança, paz e serenidade.

Em consequência de minha cura, tornei-me praticante de artes curativas, treinada em Reiki e Arcing Light. Como parte de minha educação continuada em recordar quem eu sou, minha nova trajetória inclui terminar um mestrado em estudos transpessoais, com a intenção de mais adiante obter o doutorado. Isso me permitirá ajudar outros a mudarem o rumo de suas vidas e encontrarem sua paixão e as chaves do sucesso.

Louise tem sido uma inspiração em minha vida, além de ter me ajudado a remover os véus e tirar as viseiras de meus olhos. Sinto-me abençoada por ter encontrado meu caminho para chegar à informação dela. Ainda consulto regularmente seus livros *Você pode curar sua vida* e *Pensamentos poderosos: afirmações positivas para tornar sua vida mais gratificante*; tenho muita sintonia com a conexão e o poder que eles exercem sobre meus próprios pensamentos e processos vitais.

Muito obrigada, Louise, por se manifestar e colocar em prática suas filosofias, pois sem sua luz brilhante eu não teria conseguido ser quem eu sou hoje em dia. Que o poder curativo da gratidão e do amor, juntamente com a crença num mundo ilimitado, reúna todos nós em um só e cure mente-corpo-espírito de cada indivíduo e do Universo.

Sou feliz!
Michael, enfermeiro, Ohio

Em criança fui vítima de abuso sexual e físico; já adulto, continuei a me permitir ser vítima de abuso. Eu não tinha consciência de que meu passado não determinava meu presente; assim, quando alguém me dava um pouco de atenção, eu normalmente deixava que fizesse comigo o que tivesse vontade. Minha autoestima era pouca e eu não me valorizava. Abandonei os estudos no ensino médio e saía de um trabalho para outro, e de uma cidade para outra, em busca de felicidade, sem jamais encontrá-la. Escolhia situações em que alguém me prejudicasse, só para validar o fato de que eu merecia aquele sofrimento, e depois mergulhava na depressão. Não conhecia o poder de meus pensamentos nem o fato de que eu me tornaria aquilo que pensasse com mais frequência. Era um círculo vicioso que me mantinha trancado em minha dor.

Sempre desejei ser enfermeiro, acreditando que me sentiria melhor em relação a mim mesmo se pudesse ajudar os outros. De fato, formei-me em enfermagem e gostava genuinamente de ajudar os outros. No entanto, em vez de me sentir melhor em relação a mim mesmo, fiquei ainda mais infeliz. A busca da felicidade prosseguia, e eu continuava a mudar de emprego, me sentindo péssimo. Então, um dia alguém me falou de uma mulher chamada Louise Hay.

Escutei o CD de sua autoria, *101 Power Thoughts,* e li seu livro, *Você pode curar sua vida*, e tudo começou a mudar. De repente, eu não necessitava mais buscar felicidade nos outros, nem mesmo em minha profissão. Encontrei felicidade em mim mesmo, pois comecei a pensar *Esperem, eu <u>sou</u> alguém,* e *Eu me amo!* Minha vida começou a dar uma virada. De repente, me transformei num enfermeiro que não só amava os outros, mas também a si mesmo.

Já que agora, em minha qualidade de enfermeiro itinerante, encontro muitas pessoas pelo país inteiro, tenho uma longa lista de e-mails e estou sempre enviando mensagens positivas. Tenho orgulho de ajudar a mudar, com as palavras que digo, a vida de homens e mulheres que encontro. No entanto, se não fosse por aquela pessoa que me apresentou Louise, hoje eu não estaria escrevendo esta história para vocês.

Conforme Louise afirmou tão perfeitamente: "É apenas um pensamento, e um pensamento pode ser mudado." Foi assim que começou para mim, e eu pensei: *Esperem aí, eu posso ser feliz*. E agora eu *sou* feliz! Não sou perfeito, mas não importa. A vida é maravilhosa, e todos nós podemos vivenciar o melhor dela se nos permitimos começar com um mero pensamento: *Eu posso ser feliz!*

Abrindo meu caminho com afirmações para uma vida maravilhosa
Katrina, estudante e assistente em meio expediente de vendas a varejo, Austrália

Em fevereiro de 2008, meu marido me disse que sem mim e meus dois filhos do casamento anterior ele estaria melhor financeiramente, e me pediu que no menor prazo possível eu achasse um lugar para morar. Embora eu não tivesse emprego, os meninos e eu tivemos a sorte de conseguir ficar um tempo em casa de parentes.

Àquela altura o mercado de locação de imóveis estava em seu pior momento – para ver as poucas propriedades disponíveis eu entrei em filas enormes. Voltando para casa depois de uma tentativa de encontrar onde morar, parei numa livraria e vi o livro de Louise Hay, *Você pode curar sua vida*. Comprei o livro e o li em dois dias, jurando tentar fazer as afirmações. Sentindo que havia mudado de atitude, tornei a procurar um lugar para viver. Enquanto eu estava numa fila de quase 70 pessoas candidatas ao mesmo imóvel, recebi uma ligação do corretor de outra propriedade avisando que meu cadastro tinha sido aceito e que os meninos e eu poderíamos nos mudar para lá em menos de uma semana. Eu só pude chorar e agradecer a Deus.

No dia seguinte, reparei que uma loja de vestuário que sempre me agradou exibia um cartaz pedindo uma assistente de vendas em meio expediente. Novamente lembrada de tudo que Louise dizia em seu livro, eu me candidatei imediatamente à vaga – e consegui o emprego! Era a prova de que as afirmações realmente funcionavam! Eu tinha rezado para conseguir uma casa nova e um emprego novo, e visualizei que tudo estava bem em meu mundo, e de repente aquilo estava acontecendo.

Os garotos e eu nos mudamos para o novo lar, distante da loja uns dois minutos de caminhada. No começo as finanças estavam realmente apertadas, porque eu ainda não tinha recebido o primeiro pagamento. Este sairia numa quinta-feira e já na terça gastamos nosso último pedacinho de sabonete. (Não me entendam mal: meus parentes são muito carinhosos e solidários, e nos teriam dado de tudo, mas eu estava decidida a fazer isso sozinha.) Naquela terça-feira, quando cheguei ao local de trabalho, uma de minhas colegas disse: "Katrina, hoje de manhã nós todos recebemos um presente de uma cliente, em agradecimento pelos serviços prestados." Ao ver a enorme cesta de sabonetes trazida pela cliente, lembrei-me de que todas as nossas necessidades são realmente atendidas, exatamente como Louise afirma em seu livro maravilhoso e transformador.

Pequenos milagres continuam a acontecer quase toda semana, desde o fato de minha devolução do imposto de renda cobrir integralmente o seguro do carro até o dinheiro de um reembolso chegar no dia do vencimento da conta de água. Porém, o principal é meus filhos e eu estarmos felizes e saudáveis, vivendo num lugar agradável, e eu adorar meu emprego. Também temos vizinhos maravilhosos, um dos quais acaba de concluir o curso de psicologia que eu vou começar. Sim, entrei na faculdade e estou aguardando ansiosa o novo rumo que minha vida certamente tomará.

Muito obrigada, Louise, por me mostrar como dar uma virada em minha vida. Tudo está realmente bem em meu mundo!

A vida que foge às convenções
Melissa, escritora, fotógrafa, artista plástica, professora, advogada e orientadora jurídica, Colorado

Quando falamos do miraculoso, nossa tendência é pensar no impensável – acontecimentos extraordinários, assombrosos, que desafiam a lógica ou que se desviam das leis da natureza. No entanto, muitas vezes os milagres vêm em embalagens minúsculas, imperceptíveis a olho nu, como uma ligeira mudança na perspectiva. Como sementes plantadas num ambiente fértil, eles se convertem numa nova forma de estar no mundo, trazendo resultados extraordinários para o indivíduo que passa pela transformação.

Assim foi no meu caso. Advogada de profissão, eu comecei minha carreira aos 24 anos de idade. Cercada de conflitos e disputas, paradoxalmente eu achava muito perturbadora, no entanto, a natureza antagônica da profissão jurídica (e dos negócios em geral). Buscava respostas que fugissem às convenções, consciente de que deveria haver um jeito melhor de abrir caminho por esse mundo dominado pelo lado esquerdo do cérebro.

Ao longo do caminho um massoterapeuta me recomendou a leitura do livro de Louise Hay, *Você pode curar sua vida*. Logo me envolvi no estudo de um novo tipo de lei: as leis universais do Espírito. Foi esse o primeiro passo em minha transformação pessoal, uma aventura que pôs em foco o poder do pensamento positivo, das afirmações, da meditação e da oração. Depois de ler o livro de Louise, li tudo o que consegui encontrar que tratasse do poder dos nossos pensamentos e das leis do espírito, inclusive muitos títulos de autores da Hay House. Não tardei em começar a reestruturação de minha vida.

A lei universal foi minha ponte entre dois mundos. Embora não tivesse a ilusão de ser capaz de transformar inteiramente a profissão jurídica, entendi que a verdadeira mudança deve começar de dentro; depois, ela pode se estender para fora e chegar a nossas famílias, organizações, grupos, cidades, nações e o mundo em geral.

Quanto mais eu estudava e integrava esses princípios à minha própria vida, tanto em termos pessoais quanto profissionais, mais me conectava com a vida, de forma consciente. Eu dividia minha sabedoria recém-encontrada com qualquer um que quisesse ouvir, inclusive clientes e colegas, e trabalhava com afinco para ser a mudança que eu queria ver.

Dizem que "de pequenas sementes nascem grandes árvores". O que começou como uma busca de entendimento da loucura, me levou a percorrer um caminho exclusivo do qual emergi como advogada universal, uma defensora e orientadora tanto na lei do homem quanto nas leis universais sobre as quais escrevo com tanta empolgação (em minha coluna mensal sobre conhecimento, publicada numa revista local e em meu blog).

Hoje minha vida parece muito mudada. Agora eu me movo livremente entre os mundos físico e espiritual e os lados direito e esquerdo de meu cérebro, desfrutando uma carreira como fotógrafa, artista plástica, escritora, professora e advogada universal. Não é pouco para uma garota que outrora se entrincheirava profundamente num mundo muito linear.

Há alguns anos, no meio de uma negociação exaustiva, um cliente me disse: "Srta. Johnson, milagres não acontecem." Respondi com todo respeito: "Peço licença para discordar do senhor."

Louise, muito obrigada por seu trabalho pioneiro e por ter me mostrado que eu *posso* curar minha vida... um pensamento de cada vez.

Mais que uma sobrevivente, mais que uma rosa
Jeannie, vice-presidente de vendas, Califórnia

Meu pai estava bêbado de novo e colocando um revólver na minha cabeça... bom, você pode imaginar como foi o resto da noite. Embora eu só tivesse 15 anos de idade, já havia passado por anos de abuso de todo tipo. Fui embora de casa na manhã seguinte e nunca mais voltei. Agora considero aquela noite pavorosa uma bênção, pois me deu o impulso para sair dali.

Acabei sendo uma boa sobrevivente, indo morar por dois meses com a família de um colega de escola. Depois consegui emprego num cinema, e uma colega para dividir apartamento. Poupei meu dinheiro e comprei, num brechó beneficente, uma máquina de escrever, pois estava decidida a trabalhar em um escritório e melhorar de situação. Então, trabalhei para adquirir velocidade na datilografia e menti sobre minha idade. Consegui arranjar emprego num escritório, usando o ônibus como transporte.

Aprendi tudo o que pude. Depois de passar no exame do curso supletivo, comecei a faculdade à noite. Embora levasse quase dez anos, acabei conseguindo me formar em ciências contábeis.

Embora eu fosse perita em sobrevivência, era um desastre na escolha de homens – aos 40 anos estava sozinha, com quatro filhos. Eu queria ir além da mera sobrevivência e, então, atraí um livro que mudou tudo: *Você pode curar sua vida*, de Louise Hay.

Comecei a praticar afirmativas de que eu podia ter um emprego ótimo gerando dinheiro em vez de contá-lo, e de que ganharia muito dinheiro para todas as necessidades de minha família. Três meses depois me ofereceram um emprego para vender bombas, com capacete de segurança e tudo, e eu provei que era excelente em vendas. Minha próxima afirmação foi para vender produtos de que eu gostava e nos quais acreditava. Não só apareceu essa oportunidade (vender livros da Hay House!) como nos últimos 18 anos ainda tenho sido muito bem-sucedida. Mesmo tendo um ótimo trabalho e uma linda casa, o mais importante é saber que sou uma alma amada, posta neste planeta para desabrochar como uma rosa, e ser muito mais que uma sobrevivente.

Minha esperança é poder partilhar minha história com jovens de ambos os sexos, para que eles possam ver a importância de nunca abandonar a esperança. Eles não só podem superar com sucesso suas dificuldades, como ainda florescer e entender o quanto são amados.

Como fazer o trabalho com Louise

Você sabe de verdade o que deseja fazer, ou como quer se sentir? Não me dê imediatamente a resposta "certa", o que acha que *se supõe* que você deseje e sinta. Esteja disposto a ir além do que acredita hoje, e pense bem no que genuinamente faz você se sentir vivo e inspirado. Depois pense nas ações positivas que lhe permitirão se sentir sempre dessa forma. Tenha consciência de seus próprios padrões de pensamento e abandone velhas crenças que não amparam a melhor versão de sua vida.

Os exercícios a seguir irão ajudá-lo a discernir o que de fato deseja, a aceitar que merece *mesmo* aquilo, e a recebê-lo em sua vida. Escreva as respostas numa folha de papel ou em seu diário.

Pense no que você merece

Responda com toda a abertura e honestidade possíveis às perguntas seguintes.

1. O que você deseja e que não tem agora? Seja claro e específico em relação a seus desejos.

2. Quais eram as leis/normas em sua casa em relação ao merecimento? Você ouvia as frases "você não merece nada especial" ou "você merece uma boa surra"? Seus pais se sentiam merecedores? Para merecer você sempre tinha que se esforçar? Fazer esforço funcionava a seu favor? Alguém lhe dizia que você não servia para nada? Ou que os pecadores não têm merecimento? Quando você cometia um erro, alguém lhe tirava coisas?

3. Você sente que merece o que deseja? Qual desses pensamentos lhe ocorre: "Mais tarde, quando eu ganhar isso pelo esforço próprio" ou "Primeiro eu tenho que trabalhar por isso"? Você tem mérito suficiente? Terá mérito suficiente *algum dia*?

4. Existe alguém que você precise perdoar para merecer o que deseja? Lembre-se de que o ressentimento é uma muralha em torno de nossos corações e nos dificulta receber.

5. O que você verdadeiramente merece? Você acredita na ideia "Eu mereço amor e alegria e tudo o que há de bom"? Ou no fundo acha que não merece nada? Por quê? De onde está vindo essa mensagem? Está disposto a se livrar dela? O que está disposto a colocar no lugar dela? Lembre-se, estes são pensamentos, e pensamentos podem ser mudados.

Trabalho diante do espelho

Olhe-se no espelho e diga: *"Eu mereço ter ou ser _____, e aceito isso agora."* Repita a frase duas ou três vezes.

Como você se sente? Preste sempre atenção a seus sentimentos, ao que está acontecendo em seu corpo. Sente a declaração como verdadeira ou ainda se sente indigno?

Se você tiver qualquer sentimento negativo no corpo, então volte ao espelho e afirme: *"Eu liberto um padrão em minha consciência que está criando resistência ao meu bem. Eu mereço _____."*

Repita a declaração até conseguir ter sentimentos de aceitação, mesmo que seja obrigado a repetir o procedimento por vários dias seguidos.

Para criar sua nova vida

Você tem que viver para quê? Qual é o objetivo de sua vida? Escreva histórias a seu próprio respeito em que tenha, ou faça, ou seja aquilo pelo que está trabalhando. Forneça a desejada profusão de detalhes sobre as coisas que enchem você de paixão e entusiasmo. Deixe sua mente se entregar à criatividade e divirta-se!

Visualização

Em seguida, imagine-se vivendo a vida que você acaba de criar no exercício anterior. Que sensação lhe dá essa vida ideal? Que aparência você tem? O que sente, vê, saboreia, toca ou escuta? Imagine suas relações. Com quem você está se associando? Relaxe e respire nessa recém-encontrada liberdade e felicidade.

O que torna você feliz?

Agora pense nas coisas que lhe dão felicidade. Este não é o momento para falar sobre o que você *não* quer. É o momento de ter muita clareza sobre o que você *realmente* quer em sua vida. Faça uma lista de tudo em que consegue pensar. Cubra todas as áreas de sua vida. Relacione pelo menos 50 coisas que o deixariam mais perto da vida ideal que visualizou.

Depois de ter escrito cada desejo em que consegue pensar, escreva uma afirmação ao lado de cada item. Crie sua própria afirmação, ou use uma da lista a seguir. Você merece ter uma maravilhosa vida nova!

Afirmações

Eu liberto a necessidade de ser indigno. Eu mereço o melhor da vida, e me permito aceitá-lo.

Tenho poder, força e o conhecimento para lidar com todas as coisas em minha vida.

Minha mente cria minhas experiências. Sou ilimitado em minha capacidade de criar o bem em minha vida.

Minha visão interior é clara e nítida.

Estou fluindo facilmente com novas experiências, novas direções e novas mudanças.

Estou aberto à sabedoria interior. Estou em paz.

Agora, eu supero as expectativas de outras pessoas.

Estou em segurança no Universo e toda forma de vida me ama e me ampara.

Estou disposto a criar novos pensamentos sobre mim e minha vida.

Estou disposto a aprender. Sigo adiante com facilidade.

Abençoo amorosamente cada situação e sei que tudo funciona da melhor forma possível.

Estou disposto a superar meus próprios medos e limitações.

Eu me centro na segurança e aceito a perfeição de minha vida.

Eu me respeito. Sou Divinamente protegido e guardado.

Eu vejo meus padrões e escolho fazer mudanças.

Entendo que sou maravilhoso. Eu me amo e me divirto.

Eu crio uma nova vida. Só aceito crenças que me amparem totalmente.

Eu acredito em meu poder de mudar. Estou disposto a dar o próximo passo.

Eu vivo no agora. Cada momento é novo.

Eu crio uma vida maravilhosa que se torna melhor a cada dia.

Tratamento para achar seu objetivo

*Eu sou um com a vida, e toda forma
de vida me ama e me ampara.
Eu mereço todo o bem. Não algum, não um pouco,
mas sim todo o bem. Eu entro, agora, no novo
espaço de consciência no qual estou disposto a me
ver de outra forma. Estou disposto a criar novos
pensamentos sobre mim e sobre a minha vida.
Meu novo pensamento se transforma em novas
experiências. A totalidade das possibilidades
vive diante de mim. Eu mereço uma boa vida.
Eu mereço fartura de amor. Eu mereço saúde.
Eu mereço viver confortavelmente e prosperar. Eu
mereço alegria e felicidade. Eu mereço a liberdade
de ser tudo o que eu posso ser. Eu mereço mais
que isso: mereço todo o bem! O Universo está
mais que disposto a manifestar minhas novas
crenças. Esta é a verdade do meu ser, e eu a aceito
como tal. Tudo está bem em meu mundo.*

Posfácio

Muito obrigada, queridos amigos, por terem embarcado comigo nessa viagem maravilhosa. A todos que contribuíram, eu agradeço com humildade as palavras gentis e carinhosas, e considero uma honra vocês terem reservado tempo para dividir comigo suas experiências.

Conforme mencionei na Introdução, o objetivo deste livro foi mostrar a vocês que um ser humano tem o poder de tocar muitos outros de forma positiva; portanto, espero que seja exatamente isso que farão na vida diária, nos meses e anos vindouros.

Seja uma força a serviço do bem em nosso magnífico planeta. Espalhe amor, alegria e compaixão. Doe quando e onde puder. Faça todo dia uma gentileza. Expresse gratidão ao Universo por tudo que você é e tudo que você tem. E, principalmente, saiba que você merece amor, prosperidade, e todas as outras coisas maravilhosas que a vida tem a oferecer.

Você e eu podemos transformar este mundo num lugar melhor... todos os dias, de todas as maneiras.

E assim é.

Louise L. Hay

50 milhões de livros vendidos,
50 milhões de vidas mudadas.

Adote a mudança.

Sobre a autora

Louise L. Hay, autora do best seller internacional *Você pode curar sua vida*, é conferencista e instrutora metafísica com mais de 50 milhões de livros vendidos mundialmente. Há mais de 25 anos Louise vem ajudando pessoas pelo mundo afora a descobrir e colocar em ação o pleno potencial de seus próprios poderes criativos para crescimento pessoal e autocura. Ela também se apresentou no *The Oprah Winfrey Show* e em muitos outros programas de televisão e rádio dos Estados Unidos e do exterior.

Louise é a fundadora e presidente da Hay House, Inc., que publica livros, CDs, DVDs e outros produtos que contribuem para a cura do planeta.

Websites: **www.LouiseHay.com**® e **www.HealYourLife.com**®.

Para receber um exemplar gratuito da publicação *The Louise Hay Newsletter*, favor ligar para a Hay House no número 800-654-5126.

Dentro do meu ser há um manancial infinito de amor. Agora, eu permito a esse amor fluir para a superfície – ele enche meu coração, meu corpo, minha mente, minha consciência, meu próprio eu, e se irradia de mim em todas as direções, retornando a mim multiplicado. Quanto mais amor eu uso e dou, mais amor tenho para dar – a provisão não tem fim. O uso do amor faz com que eu me sinta bem. É uma expressão de minha alegria íntima. Eu me amo, portanto, cuido com carinho do meu corpo. Com carinho eu o alimento com comidas e bebidas nutritivas. Com carinho eu cuido dele e o visto, e meu corpo me responde, carinhoso, com vibrante saúde e energia. Eu me amo, portanto, me ofereço moradia confortável, que supre todas as minhas carências, e na qual é um prazer residir. Eu encho os cômodos com a vibração do amor, para que todas as pessoas, inclusive eu, sintam esse amor e sejam nutridos por ele. Eu me amo, portanto, tenho um trabalho que realmente me agrada fazer, e que utiliza meus talentos e habilidades criativas; nele eu trabalho com pessoas e para pessoas que amo, e que me amam, e ganho uma boa remuneração. Eu me amo, portanto, me comporto com amor, e com ele penso em todas as pessoas – pois sei que aquilo que eu doar, volta a mim multiplicado. Em meu mundo eu só atraio pessoas amorosas, pois elas são um espelho do que sou. Eu me amo, portanto, eu perdoo e liberto por completo o passado e todas as experiências passadas, e estou livre. Eu me amo, portanto, vivo totalmente no agora, vivenciando como positivo cada momento e sabendo que meu futuro é luminoso, alegre e seguro – já que sou um filho amado do Universo, e o Universo cuida carinhosamente de mim agora e sempre. E assim é.

Anotações

Anotações

Este livro foi composto na tipologia Minion Pro,
em corpo 11/14,3, e impresso em papel off-white $80g/m^2$,
no Sistema Digital Instant Duplex da Divisão Gráfica
da Distribuidora Record.